Jörg Greck

32 ½ Wurzeln des gemeinen Alltagswahnsinns

ist: Vicki Baums Roman *Hell in Frauensee* (1929) hat Schmidt einer Bemerkung in *Abend mit Goldrand* zufolge wohl bald nach Erscheinen „n paarmal gelesn [...] – (war'n so'che Prä=Paperbacks, in zitronfarbener Broschur)“[19]; Gustav Meyrinks Roman *Der Engel vom westlichen Fenster* (1927) wurde (ebenso wie der allerdings schon 1891 erstpublizierte dreibändige Roman *Die Mittagsgöttin* von Wilhelm Bölsche oder aber Franz Werfels Zauberspiel *Mittagsgöttin* von 1919) von Schmidt und seinem Freund Jerofsky in der Fahrschulzeit zu außerliterarischen Zwecken mißbraucht[20]; die Erwähnung von Hans Henny Jahnn, Albrecht Schaeffer, Gerhart Hauptmann, Bertolt Brecht und den Gebrüdern Mann in Schmidts späterem Werk läßt offen, ob und in welchem Umfang er diese Autoren schon vor 1945 gelesen hat.

Im Grunde handelt es sich bei den genannten Autoren durchweg um Repräsentanten der Literatur der 1920er Jahre, und so wiederholt sich ein Befund, den ich schon anläßlich von Schmidts Rezeption der Literatur des 20. Jahrhunderts in *Zettel's Traum* formuliert habe – „Etwas überspitzt ließe sich sagen: Arno Schmidts Kanon [...] besteht aus genau den Autoren, die in den prägenden Jahren des Schmidtschen Schulbesuchs von Bedeutung waren.“[21] Literatur der 1930er Jahre nimmt Schmidt

---

[19] Arno Schmidt, *Abend mit Goldrand. eine MärchenPosse. 55 Bilder aus der $L^{ä}/_{E}$ndlichkeit für Gönner der VerschreibKunst*, Bargfelder Ausgabe, Bd. IV/3 (Zürich: Haffmans 1993), S. 155. – Baums „heiterer Roman von Liebe und Hunger“ erschien als Erstausgabe in der Reihe „Die gelben Ullstein-Bücher“.

[20] Heinz Jerofsky, „Erinnerungen an Arno Schmidt“, in Reemtsma / Rauschenbach (Hg.), *„Wu Hi?“*, a.a.O., S. 29-51, hier S. 36.

[21] Friedhelm Rathjen, „Zettel's Charts. Die Top 40 der Moderne in *Zettel's Traum*“, in Jörg Drews / Doris Plöschberger (Hg.), *„Des Dichters Aug' in feinem Wahnwitz rollend ...“ Dokumente und Studien zu „Zettel's Traum“* (München: edition text + kritik 2001),

offensichtlich nicht mehr wahr. Dazu paßt es, daß Schmidt, als er im November 1961 in seinem Jahnn-Dialogfragment „Die Tugenden der Kaulquappe“ die „Dekadenleute“ der deutschen Literatur des 20. Jahrhunderts benennt, für die 1920er Jahre Döblin und für die 1930er Jahre „Brecht & Musil“ anführt[22]: während Schmidt hier die 1930er Jahre durch zwei Autoren charakterisiert, die er überhaupt nicht schätzt (und von denen er womöglich gar nichts oder wenig kennt), bleibt Alfred Döblin, Schmidts größter Held der Literatur der ersten Jahrhunderthälfte, für ihn mit den 1920er Jahren verknüpft. Das scheint auch Döblin selbst zu spüren, als Schmidt ihm Ende 1951 einen (nicht erhaltenen) Huldigungsbrief schreibt; Döblin antwortet nämlich:

> Sie schreiben mir da Dinge, die ich natürlich gern höre, von meinen früheren Büchern und von dem Eindruck, den sie auf Sie machten, die Bücherreihe beginnend mit dem »Schwarzen Vorhang« [1919; entstanden 1902/03], die dann für Sie scheinbar endet mit »Berge Meere und Giganten« [1924]. Wahrscheinlich ist das Spätere Ihnen nicht in die Hände gefallen [...].[23]

Nach dem Ende der 1920er Jahre, so scheint es, steigt Schmidt aus der unmittelbaren Gegenwartsliteratur aus. Schon Tucholsky nimmt er augenscheinlich überhaupt

---

S. 261-277, hier S. 263; im Detail ergänzter Nachdruck in Rathjen, *Der Bücherfresser*, a.a.O., S. 149-166, hier S. 151.

22 Vgl. Arno Schmidt, „Die Tugenden der Kaulquappe. Ein Bericht über Hans Henny Jahnns nunmehr fertig vorliegenden Roman ›FLUSS OHNE UFER‹“, in ders., *Fragmente*, a.a.O., S. 236-241, hier S. 238.

23 Arno Schmidt, *Briefwechsel mit Kollegen*, hg. v. Gregor Strick (Frankfurt a.M.: Suhrkamp 2007), S. 40 (Brief Nr. 35 / Döblin an Schmidt, 5.2.52).

nicht wahr (und holt das Versäumte dann ab 1948 nach)[24]; mit Hermann Hesse und ebenso mit Hermann Stehr (den er offenbar ebenfalls eine Weile bewundert) bricht Schmidt im Sommer 1934, nachdem die beiden auf Gedichteinsendungen allzu herablassend reagieren. Nach dem Ende der Schulzeit 1933 und insbesondere nach der Heirat 1937 und dem bald darauf erfolgten Umzug in die Ehewohnung in Greiffenberg wendet sich Schmidt als Leser und Büchersammler nach allem, was uns an Informationen bisher vorliegt, zunehmend der Vergangenheit zu und nimmt die Literatur seiner Zeit kaum noch zur Kenntnis. Der zitierte Satz, die deutsche Literatur höre für ihn mit Stifter und Storm auf, ist da nur folgerichtig. Bücher Storms und Stifters sind denn auch auf dem Fragment einer 1945 von Schmidt getippten Liste der auf der Flucht aus Greiffenberg mitzunehmenden Bücher die neuesten literarischen Texte, sieht man einmal von Schmidts eigenen „Bücheln" ab.[25]

1945 wurden aber – nicht von Schmidt, sondern von seiner Frau – noch weitere Bücherlisten erstellt, die uns die Chance geben, vielleicht doch noch neuere Literatur in Schmidts damaligem Bibliotheksbestand zu entdecken. Es handelt sich um insgesamt 13 handschriftlich beschriebene Blätter (eines davon beidseitig beschriftet) mit Listen von Büchern und einigen anderen Gegenständen, die Ende Januar und Anfang Februar 1945 gen Westen verfrachtet wurden; Susanne Fischer war so freundlich, mir Transkriptionen dieser Listen, soweit der Bücherbestand betroffen ist, zur Verfügung zu stellen. In diesen Listen sind

---

24 Vgl. Friedhelm Rathjen, „Auf und Ab. Chronologischer Abriß der Tucholsky-Rezeption Arno Schmidts", in *Bargfelder Bote* Lfg. 288-289 / März 2006, S. 24-34; Nachdruck im vorliegenden Band, S. 95-114.

25 Vgl. das Faksimile der Liste in Reemtsma / Rauschenbach (Hg.), *„Wu Hi"*, a.a.O., S. 190.

genau zwei Posten aufgeführt, die sich als literarische Werke des 20. Jahrhunderts entpuppen; beide Bücher wurden in eine Kiste gepackt, die am 2. Februar 1945 zur Einlagerung an das Bekleidungshaus Harnisch in Meißen expediert wurde, deren Inhalt aber entweder auf dem Weg dorthin oder später verloren ging. In Alice Schmidts Listen lauten die hier interessierenden Einträge: „Mann: Der Untertan“, „Septembergewitter“. Letzteres ist ein Roman von Friedo Lampe und, wie noch darzulegen sein wird, das aktuellste Stück Literatur, von dem sich nach derzeitigem Kenntnisstand nachweisen läßt, daß Schmidt es vor 1945 besessen hat.

Doch zunächst zu Heinrich Mann, der in Arno Schmidts Augen stets der lesenswertere der beiden Mann-Brüder gewesen zu sein scheint. Bei den nicht sonderlich vielen Stellen in Schmidts Werk, an denen Heinrich Mann erwähnt wird, handelt es sich – sofern es nicht reine Namensnennungen sind – zumeist um Bezugnahmen auf zwei der Bücher, die auch in Schmidts Nachlaßbibliothek stehen: *Die kleine Stadt*, vorhanden als Leinenausgabe von 1925 (die theoretisch noch aus Schmidts Vorkriegsbibliothek stammen könnte, auch wenn es dafür keinerlei Indizien gibt), und eben *Der Untertan*, vorhanden als 1965 gekaufte dtv-Ausgabe (die wohl verspätet die 1945 verlorengegangene Ausgabe ersetzen sollte). Weiterhin stehen in Schmidts Nachlaßbibliothek das rororo-Bändchen *Der blaue Engel*, das Schmidt gleich nach Erscheinen 1951 gratis vom Rowohlt-Verlag bekam[26], und eine 1973 gedruckte Auswahl der Erzählungen. Den uns interessierenden *Untertan* erwähnt Schmidt eher oberflächlich Anfang 1958 im Stifter-Funkessay „Der sanfte Unmensch“ („Aber

[26] Vgl. Friedhelm Rathjen, „Grimme Plage. Eine erste Übersicht über die von Arno Schmidt rezipierten Rowohlt-Bücher 1947-55“, in ders., *Der Bücherfresser*, a.a.O., S. 59-103.

der ‹Nachsommer›? – Sein ‹Volk› ist grundsätzlich der ‹Untertan› à la Heinrich Mann: gutgeölte Knechte & Mägde, die lautlos funktionieren“[27]) und Ende 1958 im Oppermann-Funkessay „Hundert Jahre“ („‹Heinrich Mann: Der Untertan›? [...] Der ist wiederum nur bitterböse Satire. Im Einzelnen gewetzt beobachtet, ja; im Ganzen aber doch nur Karikatur. Zeitlos, bodenlos, unverankert, wie alle Manns; vor allem: viel zu kurz: wer sieht beim Wetterleuchten?!“[28]), und das war's auch schon. Der Kontext beider Erwähnungen – Stifter wie Oppermann – verweist ins 19. Jahrhundert, was nicht ganz unpassend ist, beschreibt Heinrich Mann in seinem Roman doch jene Welt des Kaiserreichs, die bei Erscheinen des Buches 1918 schon vergangen war. Mit dem *Untertan*, soll das heißen, war Schmidts Bücherbestand in den späten 1930er und den frühen 1940er Jahren keineswegs auf der Höhe der Zeit, auch wenn dieser Roman das zweitaktuellste Buch ist, das auf den von Alice Schmidt erstellten Bücherpacklisten auftaucht.

*

Wie steht es nun um Friedo Lampe? Keinerlei Anhalt gibt es dafür, daß Schmidt schon dessen ersten Roman gelesen haben könnte, der unter dem Titel *Am Rande der Nacht* ausgerechnet 1933 erschien und sofort als „anstößig“ verboten wurde. Vorsichtshalber verzichtete Lampe in seinem zweiten Roman *Septembergewitter* auf alles, was anstößig sein könnte, doch das führte dazu, daß das schmale Büchlein, als es 1937 erschien, zwar nicht verbo-

---

[27] Arno Schmidt, „Der sanfte Unmensch (Einhundert Jahre ‹Nachsommer›)“, in Bargfelder Ausgabe, Bd. II/2 (Zürich: Haffmans 1990), S. 61-85, hier S. 72.

[28] Arno Schmidt, „Hundert Jahre (Einem Manne zum Gedenken)“, ebd., S. 143-193, hier S. 152.

ten, aber auch weder von der Kritik noch von der Leserschaft sonderlich bemerkt wurde. Und die Chance, nach 1945 womöglich mit einem dritten Roman auf sich aufmerksam machen zu können, hatte Lampe nicht, weil er in den allerletzten Kriegstagen von einem russischen Soldaten erschossen wurde – ein „Mißverständnis“, wie es hieß.

Raum für Mißverständnisse läßt durchaus auch jener Roman *Septembergewitter*, den Schmidt ausweislich der Bücherpacklisten vor 1945 besessen und mutmaßlich auch gelesen hat. Der Roman vermeidet neben den Anstößigkeiten alles, was nach Zeitbezug hätte klingen können. Präzise Benennungen von Raum und Zeit fehlen, doch läßt sich die spärliche Handlung im Bremen des beginnenden 20. Jahrhunderts lokalisieren, in jener Stadt, in der Friedo Lampe 1899 geboren wurde. Diese historisierende Entrückung hat zur Folge, daß zumal aus heutiger Sicht alles stofflich ein wenig betulich wirkt, und hinzu kommt, daß sich größere Textabschnitte in der Welt und aus der Perspektive von Kindern entwickeln: *Emil und die Detektive* sind nicht so fern, wie man sich das wünschen würde.

Wir dürfen uns aber durch derlei nicht auf Abwege führen lassen, auch nicht durch die Haupthandlung des Buches, in der immerhin ein Mord aufgeklärt wird. Um Handlung, um Stoff geht es Friedo Lampe am allerwenigsten. Er wolle „volkstümlich und schlicht“ schreiben, aber doch „neu in der Form“[29], hat Lampe selbst formuliert,

---

[29] Friedo Lampe, Brief an Eugen Claassen, in Eugen Claassen, *In Büchern denken. Briefwechsel mit Autoren und Übersetzern*, hg. v. Hilde Claassen (Hamburg und Düsseldorf: Claassen 1970), S. 275. – Wenn wir der Einschätzung Wolfgang Koeppens folgen, hat Lampe genau dies geschafft. Vgl. Wolfgang Koeppen, *Essays und Rezensionen*, Gesammelte Werke, Bd. 6 (Frankfurt a.M.: Suhrkamp 1986), S. 319, zitiert nach Hans J. Schütz, *„Ein deutscher Dichter bin ich einst gewesen“. Vergessene und verkannte Autoren des 20. Jahrhunderts* (München: Beck 1988), S. 178: „Friedo Lampe war

und diesem Ziel kommt er mit dem *Septembergewitter* denkbar nahe. Hinter dem fast simpel scheinenden Erzählton gibt sich das Formbewußtsein unauffällig, ist freilich in jeder Zeile vorhanden.

Als Klammer um die Vorstadtszenen und den ganzen Text fungiert ein Ballon, der am Nachmittag bei Osnabrück aufsteigt und abends im Mondschein die englische Küste erreicht. In einer filmreifen Totale fällt von dort oben der erste und der letzte Blick auf den Schauplatz. „Wie friedlich liegt das da, wie muß man da idyllisch wohnen", meint die junge Mary Pencock oben im Korb, doch „das sieht wohl nur von oben so aus"[30], weiß ihr Vater, und der Ballonführer entdeckt „eine Stelle des Himmels, wo er sich weiß und fahlgrau färbte"[31]. Ein Gewitter steht bevor, das titelgebende Gewitter, durch das der Ballon hindurch muß und das sich über der Stadt drunten entlädt. Das Gewitter ist der eigentliche Held des Romans.

Ein Gewitter hat Symbolwert, es zwingt zu metaphorisierenden Deutungen: da zieht aus heiterem Himmel etwas Bedrohliches herauf, etwas Dunkles, das aber reinigende Kraft besitzt und die schwüle Spannung klärt. Solche Deutungen lauern im Hintergrund, werden jedoch nicht erzählerisch, sondern nur von den einzelnen Figuren aufgerufen, die Einzelaspekte der Wetterlage auf ihre eigenen Existenzen zurückfallen lassen: die Witwe, die schwarz trägt und sich vom Leben abkehrt; der unentdeckte Mörder, der sich an der Kirchenorgel austobt; der

---

auf seine stille Art avantgardistisch, und er hätte zugleich auch volkstümlich sein können, denn seine Prosa war, obwohl für die Zukunft geschrieben, in der Form nicht verwirrend und experimentell".

30 Friedo Lampe, *Septembergewitter* (Göttingen: Wallstein 2001), S. 6. (Der Text dieser Neuausgabe folgt der Erstausgabe von 1937.)

31 Ebd., S. 7.

Soldat, der seine Geliebte verloren hat und ins schwarze Herz der Finsternis will, nach Afrika; der Schriftsteller, der die Wucht griechischer Epik anruft. Allen diesen Existenzen eignet ein Fluchtmoment; am Ende gelingt diese Flucht den wenigsten – die Figuren müssen (wie ein gewisser Dickie über seine jugendlichen Freunde, die „Peliden", sagt) „sehen, wie sie fertig werden"[32], müssen sich stellen und werden die Realität (wie Athene über Nausikaa sagt) irgendwie „schon überstehen"[33]. In diesen aufs eigene Dasein zurückgebogenen Fliehkräften spiegelt sich der Eskapismus des Romans, der sich der eigenen Aufgabe stellt: der Formung des Sprachmaterials.

Eine von Lampes vielen Figuren, der Schriftsteller Runge, lobt die Erzählkunst der Menschen von der Straße mit einer Formulierung, die eine Auffassung Arno Schmidts vorwegnimmt: „Immer hielten sie sich ans Detail, wurden nie verschwommen und allgemein."[34] Eben dies gilt für Lampes Prosa: sie ist einerseits naturalistisch, wenn es darum geht, verschiedene Dialekte und Sprechweisen einzufangen, andererseits zeigt sie einen Gestaltungswillen, der alle Sprache in Kunst überführt. Da kommt ein Gendarm in eine Kneipe, „und schmatzend trank er das Glas Bier in einem Zuge leer und ruck den Köhm hinterher und wischte sich den Schaum von dem Schnauzbart und stützte sich gemütlich auf die Theke"[35]: in solchen Sätzen geht die zu beschreibende Bewegung unmittelbar in den Ablauf eines scheinbar einfachen „und"-Satzes über.

Das „und", unscheinbarstes aller Wörter, ist das mit Abstand häufigste in *Septembergewitter*; nur wenige Texte

---

32 Ebd., S. 119.
33 Ebd., S. 108.
34 Ebd., S. 43.
35 Ebd., S. 54.

gehen virtuoser mit dem Nuancenreichtum um, der simplen syntaktischen Reihungen eignet. Lampe stellt einfach nebeneinander: Aussagesätze und Aufzählungen; Figuren (die lose miteinander verbunden werden) und Handlungselemente (die einander immer heimlich verdoppeln); Binnen- und Außenperspektiven. Ein offenes Spektrum von Begegnungen, Abschieden, Ausbrüchen, geschmeidig entwickelt im Wechsel von Erzählbericht, erlebter Rede und kurz aufblitzenden inneren Monologen, begrenzt auf wenige Stunden und umschlossen von einem metaphorisierenden Rahmen: Friedo Lampes *Septembergewitter* ist durchaus lesbar als bescheidene Bremer Variante auf den Joyceschen *Ulysses*, als Festlandsversion von Virginia Woolfs *Fahrt zum Leuchtturm*, als Tagesfassung von Dylan Thomas' nächtlichem *Unter dem Milchwald.* Insofern ist Friedo Lampes *Septembergewitter* nicht nur das aktuellste Stück Literatur, von dem sich nachweisen läßt, daß Schmidt es vor 1945 in seiner Bibliothek hatte, sondern vielleicht sogar gleichzeitig das modernste.

*

Fragt sich nur, ob Schmidt den Text auch in der aktuellsten Fassung besaß, die in diesem Fall keineswegs den Eintritt in die Moderne, sondern einen Rückschritt brachte, eine Textfassung, die mit Rücksicht auf die Nazis und ihren Krieg modifiziert worden war, und zwar entweder vom Autor selbst oder zumindest mit dessen Billigung. Nachdem der Rowohlt-Verlag, in dem 1937 die Erstausgabe von *Septembergewitter* erschienen war, von den Nazis abgewickelt wurde, schloß Friedo Lampe mit dem Hamburger Verlag Goverts einen Vertrag über das Buch *Von Tür zu Tür. Zehn Geschichten und eine*, in dem *Septembergewitter* wieder abgedruckt werden sollte. Da in diesen Zeiten eine Ballonreise von Deutschland über den Ärmelkanal freilich nicht mehr opportun war, wurde (vermutlich von Lampe selbst) eine Textfassung erstellt, die die Fahrtroute änderte: Lampe ließ seinen Ballon nun statt nach England ins unverfänglichere Dänemark reisen, und aus den Engländern im Korb wurden dementsprechend Dänen; zusätzlich wurde in den am Boden spielenden Szenen der englischstämmige Bandenführer Dickie Brent in einen gewissen Jan Gaetjen verwandelt.[36]

Im Ballon finden wir in der revidierten Fassung also nicht Mr. Pencock und seine Tochter Mary, sondern Herrn Gyldenlöv und seine Tochter Tine; aus Pencocks Freund Hamstead, der mit einer Wette für die Ballonfahrt verantwortlich ist, wird ein gewisser Thorstedt; am Ende freut man sich nicht auf die heimische Wellington Street, sondern auf die Fredericiagade. Für den möglichen Schmidt-Zusammenhang macht das keinen erkennbaren Unterschied, weder die englischen noch die dänischen Figurennamen finden Nachhall in Schmidts Werk. Aber dann ist da noch der Schlußsatz von Lampes Roman, die Ankunft des Ballons in der Heimat. In der Erstausgabe lesen wir: „‚Der Leuchtturm von Dover', sagte der Ballonführer und gab Mr. Pencock das Glas."[37] Dieser Schlußsatz mußte für die Kriegsausgabe natürlich auch geändert werden, und so lesen wir in der Zweitfassung: „‚Der Leuchtturm von Fanö', sagte der Ballonführer und gab Herrn Gyldenlöv das Glas."[38] Und schon sind wir mitten in Arno Schmidts *Schule der Atheisten*!

Na ja, vielleicht nicht ganz; es gibt nämlich ein paar Kleinigkeiten, die geeignet sind, die allzu eilfertige Ver-

---

[36] Zu den Textänderungen vgl. Jürgen Dierking, „Nachwort", in Lampe, *Septembergewitter*, a.a.O., S. 127-151, hier S. 131-134.

[37] Lampe, *Septembergewitter*, a.a.O., S. 125.

[38] Friedo Lampe, *Septembergewitter*, in ders., *Das Gesamtwerk. Am Rande der Nacht – Von Tür zu Tür – Aus dem Nachlaß* (Hamburg: Rowohlt 1955), S. 119-191, hier S. 191.

bindung von Lampes *Septembergewitter* mit der Fanö-Episode in Schmidts Typoskriptroman zu unterminieren. Zum einen ist es so, daß die Gründe für Schmidts Schauplatzwahl ganz andere sind, nämlich mit der Jules-Verne-Folie der *Schule der Atheisten* zusammenhängen: aus dem Verneschen Eigen- und Inselnamen „Phina" macht Schmidt (unter Hinzumontage der norddänischen Insel Venö) den westdänischen Inselschauplatz Fanö.[39] Zum anderen ist – und das kann Arno Schmidt beim Studium seiner Materialien zum Thema[40] nicht verborgen geblieben sein – der am Ende von Lampes Text auftauchende „Leuchtturm von Fanö" reinste Fiktion, es gibt nämlich auf der Insel gar keinen Leuchtturm. Diese beiden Einwände ließen sich freilich leicht zu Indizien *für* den Eingang der *Septembergewitter*-Lektüre in die Textur von Schmidts *Schule der Atheisten* ummünzen, denn erstens könnte der Ballon-Topos bei Lampe doch trefflich die verdeckte Jules-Verne-Hommage stützen, da er indirekt auf Vernes (von Schmidt allerdings wenig beachteten) Erstling *Fünf Wochen im Ballon* verweist, und zweitens sind (teils unabsichtlich unterlaufene, teils auch gezielt eingesetzte) Verstöße gegen Wahrscheinlichkeiten und (auch topographische) Realitäten geradezu ein Charakteristikum sowohl der *Schule der Atheisten* allgemein als auch der Fanö-Episode im besonderen.

Andere Einwände gegen die Annahme, Schmidts Fanö sei bewußt auch auf Lampes Fanö zurückbezogen, wiegen schwerer. Auf den Schmidtschen Bücherpacklisten taucht nun einmal explizit der Titel *Septembergewitter* auf, und

---

39 Vgl. dazu im Detail Friedhelm Rathjen, *Arno Schmidt auf Fanø. Der Schulausflug der Atheisten* (Scheeßel: Edition ReJoyce 2005), S. 121-125 (Kapitel „Warum Fanø? Gründe und Untiefen").

40 Vor allem H[orst] Meesenburg, *Fanø, Manø und Rømø – Inseln im Watt* (Esbjerg: BYGD o.J. [1970]); komplett faksimiliert in Rathjen, *Arno Schmidt auf Fanø*, a.a.O., S. 129-162.

das ist halt der Titel der Erstausgabe von 1937; wäre die revidierte Textfassung in dem Band *Von Tür zu Tür* gemeint gewesen, hätte dann nicht auch der Titel dieses Sammelbandes in der Schmidtschen Bücherliste stehen müssen? Allerdings ist dieses Indiz noch kein hieb- und stichfester Gegenbeweis, zumal Alice Schmidts Titeleien auch sonst gelegentlich ein bißchen erratisch ausfallen; falls die Schmidts den Band *Von Tür zu Tür* besessen, darin aber nur den Roman *Septembergewitter* gelesen oder geschätzt hätten, wäre es durchaus vorstellbar, daß der ganze Band im Hausgebrauch mit dem Titel nur des längsten darin enthaltenen Textes bezeichnet wurde.

Hinzu kommt allerdings noch ein zeitliches Problem. Die ab spätestens 1943 geplante Publikation des Lampe-Bandes *Von Tür zu Tür* verzögerte sich aus verschiedenen, teils kriegsbedingten Gründen sehr. In der Literatur und einschlägigen Bibliographien ist gelegentlich die Rede davon, der Druck des Bandes sei vom Autor selbst nicht mehr erlebt worden; als Erstausgabe wird folglich häufig eine 1946er Ausgabe von Claassen & Goverts angegeben, was ausschließen würde, daß Schmidt den Band vor 1945 besessen haben könnte. Antiquarisch tauchen allerdings hin und wieder Exemplare mit der Verlagsangabe Goverts und dem Erscheinungsjahr 1944 auf. Aber auch dann hätte Schmidt nach menschlichem Ermessen wohl kaum noch Gelegenheit gehabt, den Band vor seiner Flucht aus Schlesien anzuschaffen, und ihn somit auch nicht im Rahmen jener Flucht einbüßen können. Vor dem Februar 1945 (in dem die Flucht aus Greiffenberg organisiert und vollzogen wurde) war Arno Schmidt zuletzt im Sommer 1943 auf Heimaturlaub[41] – wann also hätte er ein 1944 unter Schwierigkeiten in

---

[41] Vgl. Arno Schmidt und Max Ames, „Kriegsdaten", in Reemtsma / Rauschenbach (Hg.), *„Wu Hi?"*, a.a.O., S. 193-217, hier S. 203 f.

kleiner Auflage erschienenes Buch kaufen sollen? Bleibt natürlich noch die Möglichkeit, daß Alice Schmidt das Buch in Schmidts Abwesenheit angeschafft hätte – aber dann hätte Schmidt selbst es in jenen hektischen, wenig Muße für erbauliche Beschäftigung bietenden Tagen, die er vor der Verschickung Anfang Februar 1945 in Greiffenberg war, wohl kaum gelesen.

Unter diesem Blickwinkel müssen wir dann doch davon ausgehen, daß es sich bei dem *Septembergewitter* auf den Schmidtschen Bücherpacklisten von 1945 um die 1937 erschienene Erstausgabe des Romans gehandelt hat, in der von Fanö noch keine Rede ist. Auf die dänische Insel hätte Schmidt bei Friedo Lampe erst nach Kriegsende treffen können, am ehesten wohl in der Ausgabe *Das Gesamtwerk*, die 1955 gedruckt wurde und irrwitzigerweise planmäßig problematische Textfassungen präsentierte: der Erstling *Am Rande der Nacht* ist in einer eigens zu diesem Zweck hergestellten kastrierten Fassung enthalten, die implizit das Verbot der Erstausgabe durch die Nazis nachträglich beklatscht, indem sie die expliziten (homo-) erotischen Passagen streicht, und konsequenterweise wird Lampes zweiter Roman *Septembergewitter* in der aus Kriegsgründen revidierten Fassung gebracht, in der Dover durch Fanö ersetzt ist. Im Juli 1955, als der Band *Das Gesamtwerk* bei Rowohlt erschien, bezog Schmidt allerdings (von den rororo-Taschenbüchern abgesehen) keine Freiexemplare mehr von diesem Verlag, und daß er ihn sich eigens gekauft hätte, scheint eher unwahrscheinlich; in Schmidts Nachlaßbibliothek glänzt Friedo Lampe durch Abwesenheit.

Wenn wir alle Indizien zusammenrechnen, müssen wir wohl davon ausgehen, daß Schmidt zeitlebens nur ein einziges Buch von Friedo Lampe besessen hat, und das war *Septembergewitter* in der Erstausgabe von 1937, in der die Rahmenhandlung einen Ballonflug von Osnabrück über den Ärmelkanal schildert und in dem Ballon Briten reisen, keine Dänen. Daß aus dem „Leuchtturm von Dover", der im letzten Satz auftaucht, später ein „Leuchtturm von Fanö" gemacht wurde, ist Schmidt vermutlich unbekannt geblieben; der Konnex mit der Ausflugsepisode in Schmidts *Schule der Atheisten* ist keiner, sondern Zufall. Schade eigentlich. Aber wichtiger als die Frage, ob Lampes Roman auf einen der Schauplätze von Schmidts *Schule der Atheisten* abgefärbt haben könnte, ist ohnehin diejenige, ob sich eine Einflußlinie ziehen läßt von der kleinteilig-präzisionssüchtigen Erzähltechnik Friedo Lampes zur „snapshot"-Technik in Schmidts Nachkriegsprosa. Die Beantwortung dieser Frage steht noch aus und muß einer eingehenderen Untersuchung vorbehalten bleiben.

*

Wenn Friedo Lampes *Septembergewitter* in den Jahren vor 1945 das neueste und modernste Stück Prosa war, das Schmidt definitiv kannte, so hätte man meinen sollen, Schmidt habe nach 1945 dann so schnell wie möglich alles Verpaßte nachgeholt, sich also flugs auf den Stand der Moderne gebracht. Das ist allerdings nicht der Fall; schon allein pragmatische Gründe – Schmidts ländlicher Wohnort, seine knappe Kasse, die allgemeine Bücherknappheit der unmittelbaren Nachkriegszeit – standen dem entgegen. Der Verlust von Teilen seiner Bibliothek muß in Schmidt andererseits einen beträchtlichen Bücherhunger erzeugt haben, der womöglich dazu führte, daß er mehr oder weniger alles las, dessen er habhaft werden konnte. Literarische Veröffentlichungen seiner direkten Zeitgenossen scheinen selten darunter gewesen zu sein – und wenn, dann sah Schmidt nur allzu rasch sein Urteil bestätigt, nach Storm und Stifter sei nichts Lesenswertes mehr geschrieben worden. Ein Beispiel ist William Somerset Maughams 1943 erschienener Roman *The Razor's Edge*, ein aktueller Bestseller, den Schmidt schon in der unmittelbaren Nachkriegszeit – möglicherweise schon während der Kriegsgefangenschaft – im englischen Original in die Finger bekommen haben muß. Eine ausführliche Kritik des Romans, in der Maughams „Aquarium" der „Tiefsee" von Poe gegenübergestellt wird, enthält Schmidts im Oktober 1948 entstandenes Fragment „Brüssel":

> ein mühselig zusammengeleimtes Gelumpe aus Boulevard=Anekdoten, schwitzend mitgeschriebenen Lebensläufen, zuweilen ist es Zeit ein verkrampftes »freies« Schweinereichen zu wagen, die Nichtigkeiten der vornehmen Welt werden mit jener demütigen Breite behandelt, an der man sogleich auf 1000 yards den Engländer in der Literatur erkennt; von Indien und Mystik wird auch stets gern gehört; das gibt Tiefe: man denkt immer, der weiß noch mehr![42]

Den Verriß übernimmt Schmidt (unter Zugabe neuer Sottisen) fast wortwörtlich in den *Wundertüten*-Brief „Herrn H. J."[43]; in *Brand's Haide* hingegen wird Poes „Tiefsee" nicht mehr mit Maugham kontrastiert, sondern mit dem „Nazi Hamsun"[44], der bei Rowohlt im Programm ist. Spätestens ab Unterzeichnung des Verlagsvertrags über den *Leviathan* im September 1948 erhält Schmidt gratis große Teile des Rowohlt-Hauptprogramms, später das komplette rororo-Taschenbuchprogramm, womit er

---

[42] Arno Schmidt, „Brüssel", in ders., *Fragmente*, a.a.O., S. 17-25, hier S. 22.

[43] Vgl. Arno Schmidt, „Herrn H. J.", in Bargfelder Ausgabe III/3, a.a.O., S. 42-47, hier S. 43.

[44] Schmidt, *Brand's Haide*, a.a.O., S. 177.

Gelegenheit erhält, seine Unkenntnis der literarischen Moderne und der Gegenwartsliteratur wenigstens teilweise zu beheben. Wie wir eingangs gesehen haben, zieht er es vor, statt dessen den Verlag und die betreffenden Autoren in Bausch und Bogen zu verdammen. Nicht, daß er nicht gelegentlich etwas im Rowohlt-Programm gefunden hätte, was er als lesbar gelten ließe, nur ist das dann gerade nicht Prosa auf der Höhe der Zeit; Schmidt interessiert sich nicht für Faulkner, Wolfe und Hemingway, sondern für James Thurber und H. G. Wells, nicht für Gide oder Camus oder Sartre, sondern für Marcel Aymé und Colette – und auch auf dem Felde der deutschsprachigen Literatur liest er solche Vertreter der Moderne wie Jahnn und Musil weit weniger erfreut und aufmerksam als einerseits Tucholsky, andererseits seichte Unterhaltungsliteratur. Arno Schmidt hält sich die literarische Moderne gerade auch noch in jener Zeit auf Distanz, da er selbst betont modernistisch schreibt und sich als Erneuerer der Form versteht; er übernimmt keine wesentlichen Impulse von seinen Zeitgenossen. Und der einzige Autor des 20. Jahrhunderts, den Schmidt zwischen 1945 und den ersten Rowohlt-Lieferungen 1948 nachweislich liest und der ihm gefällt, ist kein künstlerischer Experimentator und Formenerneuerer, sondern ein witziger Unterhaltungsschriftsteller: Thorne Smith. Der hat vielerlei Vorzüge, unter anderem den, daß niemand außerhalb des Schmidtschen Haushalts ihn für bedeutend hielt – und Rowohlt-Autor war Thorne Smith auch nie!

Schmidts Expressionismus-Rezeption
Eine Materialsichtung

In den frühen 50er Jahren ging Arno Schmidt daran, in seinen Büchern und auch sonst regelmäßig den Expressionismus zu preisen, und da er zu jener Zeit der einzige war, der dies tat, galt er rasch als größter Kenner und Liebhaber dieser damals weithin vergessenen künstlerischen Bewegung, zumindest bis zu deren allmählicher Wiederentdeckung ab 1960. Und mehr noch: Schmidt erwarb sich einen Ruf nicht nur als Experte für den Expressionismus, sondern auch als ein Autor, der das Erbe des Expressionismus für sein eigenes Schreiben fruchtbar machte. So sahen es jedenfalls die verständigeren Teile der literaturkundigen Öffentlichkeit, und so sah es offensichtlich auch Schmidt selbst. In einer kurzen Selbstbeschreibung, die Schmidt Ende März 1954 für eine Neuauflage von Franz Lennartz' Nachschlagewerk *Die Dichter unserer Zeit* verfaßte, formuliert er knapp: „Sprachlich und rhythmisch von Wieland, Tieck und den Expressionisten ausgehend, hat sich Sch. besonders die Erprobung neuer Prosaformen zum Ziel gesetzt."[1] Sechs Jahre später bekräftigt Schmidt seine Wertschätzung des Expressionismus in einem Brief an Kasimir Edschmid, dem er versichert, „daß Expressionismus und Sturm & Drang in meinen Augen weniger Entwicklungsstadien sind, als vielmehr 1 unter mehreren bedeutend=möglichen Denk= und Verhaltensweisen des Künstlers, ja der Menschheit darstellen."[2] Etwa zur Zeit,

---

1 Arno Schmidt, „Die Dichter unserer Zeit", in *Fragmente. Prosa, Dialoge, Essays, Autobiografisches*, Bargfelder Ausgabe, Supplemente 1 (Frankfurt a.M.: Suhrkamp 2003), S. 331.

2 Arno Schmidt, *Briefwechsel mit Kollegen*, hg. von Gregor Strick (Frankfurt a.M.: Suhrkamp 2007), S. 46 (Brief Nr. 40 v. 30.9.60).

da Schmidt dies schrieb, war Helmut Heißenbüttel bei ihm zu Besuch; er erinnert sich später,

> dass Frau Schmidt, wahrscheinlich war das 1960, bei diesem Besuch, gesagt hat: „Wenn die Leute wüssten, wie spät er eigentlich angefangen hat, Joyce zu lesen." Er selbst hat das immer vertuscht, er hat aber auch gelegentlich gesagt „So'n Joycefan bin ich auch nicht" und hat bei solchen Gelegenheiten viel eher auf Döblin hingewiesen und überhaupt auf deutsche Expressionisten oder eben auf alte Literatur.[3]

Daß der Expressionismus eine „unbestreitbare ‚Wurzel' des frühen Arno Schmidt"[4] sei, hat ernsthaft nie jemand in Frage gestellt – aber erstaunlicherweise hat sich die Schmidt-Forschung mit dieser ‚unbestreitbaren Wurzel' auch kaum beschäftigt. Sieht man von einigen verstreuten Einzelstellenhinweisen und Miszellen ab, so existieren nur zwei Veröffentlichungen, die Schmidts Beziehung zum Expressionismus zu erhellen suchen, nämlich Jörg Drews' Vergleich bestimmter Spracheigenheiten bei August Stramm und Schmidt[5] und ein ebenfalls von Drews stammender Versuch aus jüngerer Zeit, Schmidts Rezeption des Werks von Albert Ehrenstein etwas systematischer in den Blick zu nehmen[6]. Nie ernsthaft ange-

---

3 Helmut Heißenbüttel, Hans Wollschläger et alii, „‚Also wenn das stimmt …' So sahen sie Arno Schmidt 1981. Materialien zu einer Lebensgeschichte", in *Bargfelder Bote*, Lfg. 297-299 / April 2007, S. 23-56, hier S. 51.

4 Ernst-Dieter Steinwender, „Träume im Frühwerk Arno Schmidts", in *Bargfelder Bote*, Lfg. 176-178 / Mai 1993, S. 20-31, hier S. 27.

5 Jörg Drews, „Arno Schmidt und August Stramm. Beobachtungen zu den expressionistischen Stilelementen in den frühen Romanen", in *Text + Kritik*, Heft 20/20a: *Arno Schmidt* (München: edition text + kritik [3]1977), S. 82-88.

6 Jörg Drews, „‚… einer meiner Lehrmeister'. Albert Ehrenstein bei Arno Schmidt", in *Bargfelder Bote*, Lfg. 300 / 3. Juni 2007, S. 57-62.

zweifelt wurde die unausgesprochene Mutmaßung, Schmidt sei seit seiner Jugend zumindest mit den wichtigsten Autoren und Texten des Expressionismus vertraut gewesen; im Katalog der Bielefelder Schmidt-Ausstellung von 1987 heißt es beispielsweise: „Schmidt muß Nebel (wie Behrens und Schwitters) schon in den späten zwanziger / frühen dreißiger Jahren gelesen haben, und zwar in der Zeitschrift ‚Der Sturm'."[7] Dabei wissen wir heute, daß Schmidt aufgrund allgemeiner Zeitumstände wie auch privater Einschränkungen in den allerwenigsten Phasen seines Lebens Lesestoff und Studienmaterial in dem Umfang zur Verfügung hatte, wie er sich dies wünschte (und gelegentlich gern vorgab). Zu einer etwas vorsichtigeren Einschätzung gibt dabei schon das Anlaß, was Drews 1977 vermerkt:

> Die Verwendung Strammscher Stilmittel in den ersten Publikationen Schmidts erfolgte nicht auf Grund neuer Lektüre; Schmidt hatte seine Bibliothek 1945 in Schlesien verloren, es gab auch keine Neupublikationen damals, auch aus dem Soergel konnte er seine Stramm-Kenntnisse nicht haben bzw. nicht erneuern: er besaß ihn nicht mehr.[8]

Im folgenden möchte ich deshalb versuchen, durch eine systematische Sichtung der in Schmidts Werk zu findenden Spuren zu einer umfassenden Neueinschätzung von Umfang und Verlauf der Schmidtschen Expressionismus-Rezeption zu kommen.

Eine solche Neueinschätzung ist nicht zuletzt deshalb möglich, weil uns durch diverse Nachlaßpublikationen

---

[7] Jörg Drews, „Ausstellung zu Leben und Werk Arno Schmidts in der Universitätsbibliothek Bielefeld: Katalog und Dokumentation", in *Bargfelder Bote*, Lfg. 110-112 / Januar 1987, S. 3-41, hier S. 6.

[8] Drews, „Arno Schmidt und August Stramm", a.a.O., S. 86.

heute vielfältiges dokumentarisches Material zur Verfügung steht, das die Überprüfung und gegebenenfalls Korrektur früherer Annahmen erlaubt. So gibt beispielsweise das Verzeichnis der Schmidtschen Nachlaßbibliothek in vielen Fällen wichtige Hinweise. Neben Büchern einzelner expressionistischer Autoren, auf die ich unten näher eingehen werde, stehen in dieser Nachlaßbibliothek einige Sammel- und Sekundärwerke, auf die ich vorab hinweisen möchte. Die wichtigste und in ihrer Wirkung nachhaltigste Anthologie expressionistischer Gedichte, Kurt Pinthus' *Menschheitsdämmerung*, ist in einer Ausgabe von 1961 vorhanden[9]; aus dem selben Jahr stammt der Marbacher Ausstellungskatalog *Expressionismus. Literatur und Kunst 1910-1923*, den Schmidt seinem Vorsatzeintrag zufolge im Juli 1962 erhielt[10]; schließlich steht die komplette Buchreihe *Der jüngste Tag* als Faksimilenachdruck in der Bibliothek, gestattete Schmidt also einen umfassenden Zugriff auf viele wichtige Veröffentlichungen expressionistischer Dichtung – allerdings erst ab Januar 1973, als er den Reprint von Bettina und Lars Clausen geschenkt bekam[11]. Daneben gibt es noch eine weitere Publikation, die für Schmidt animierend gewirkt haben könnte, nämlich den Essayband *Plakatwelt* von Max Bense, in dem nicht nur eine Würdigung Schmidts, sondern auch ein „Exkurs über Expressionismus“ enthalten ist[12]; Schmidt bekam den Band als Geschenk mit einer

---

[9] Dieter Gätjens, *Die Bibliothek Arno Schmidts. Ein kommentiertes Verzeichnis seiner Bücher*, neue Ausgabe, durchgesehen und erweitert von Günter Jürgensmeier (Bargfeld: Arno Schmidt Stiftung 2003 / <www.arno-schmidt-stiftung.de/Archiv/Bibliotheksverzeichnis.html>), Nr. 421.

[10] Ebd., Nr. 364.

[11] Ebd., Nr. 397.

[12] Ebd., Nr. 432.7. Bense beschäftigt sich in dem Text vornehmlich mit der Prosa Benns, daneben auch mit der Prosa Heyms; die von

(leider undatierten) Widmung von Bense, und zwar bald nach dem Erscheinen, vermutlich im September 1952[13] – und damit kurz vor Abfassung des Romans *Aus dem Leben eines Fauns*, in dem sich Schmidt nicht nur (wie wir noch sehen werden) vor dem Expressionismus, sondern auch vor Bense verbeugt[14].

Der unmittelbare zeitliche Konnex zwischen Benses Buchgeschenk und dem Beginn der Arbeit am *Faun* deutet schon an, wie aufschlußreich es sein kann, auf chronologische Abläufe zu achten. Ich möchte deshalb zunächst Schmidts Gesamtwerk chronologisch durchgehen und alle pauschalen Reflexe auf den Expressionismus zusammentragen (die speziellen Rekurse auf einzelne Autoren sollen Gegenstand erst des nächsten Schritts sein). Der erste dieser Reflexe findet sich in dem kurz vor Weihnachten 1948 geschriebenen *Wundertüten*-Brief „An Uffz. Werner Murawski“: Schmidt begreift Goethes *Faust 2* als Versuch der Erforschung „neue[r] sprachliche[r] Wege [...], auf denen dann später die Talentfülle des

---

Schmidt bevorzugt genannten Namen Stramm und Ehrenstein fallen nicht.

13 Vgl. Brigitte Hackh, „Gespräch mit Max Bense und Elisabeth Walther“, in *Bargfelder Bote*, Lfg. 89-90 / April 1985, S. 3-11, hier S. 3 (Elisabeth Walter spricht): „Der erste Brief von Schmidts an uns stammt vom 2. Oktober 1952. Da schreibt Alice Schmidt an Bense: ‚Lieber Herr Professor! Bitte seien Sie mir nicht allzu böse, daß ich erst heute auf Ihre liebenswürdige Sendung antworte. Mein Mann wollte dies selbst tun, verschob es aber, wie ich es leider schon so sehr von ihm gewöhnt bin, von Tag zu Tag, so daß ich heute eingreife. – Mein Mann hat Ihre ‚Plakatwelt‘ mit großem Interesse gelesen und sich über Ihre Würdigung seines Schaffens darin sehr, sehr gefreut. Auch ich danke Ihnen recht herzlich dafür.‘“

14 Vgl. Arno Schmidt, *Aus dem Leben eines Fauns*, in Bargfelder Ausgabe, Bd. I/1 (Zürich: Haffmans 1987), S. 299-390, hier S. 329: „Ein Universum emaniert immer aus dem anderen: wir emanieren die Welt der technischen Gebilde. Bense“.

Expressionismus wieder einmal die Grenzen der Bildkraft weiter hinaus schob."[15] Anderthalb Jahre später schreibt Schmidt den Kurzroman „Schwarze Spiegel" (der Referenzen an die Expressionisten Stramm und Ehrenstein, vielleicht auch Nebel und Lichtenstein enthält) und kurz darauf die Rezension „Rudolf Krämer-Badoni: Mein Freund Hippolyt", in der er die antiquierte Ästhetik des besprochenen Buches zum Anlaß nimmt, statt dessen etwas Ambitionierteres zu fordern:

> Möchten unsere Verleger anstatt solche Dürftigkeiten vorzulegen doch eine Renaissance der letzten großen deutschen Talentwelle – der des Expressionismus – vornehmen. Sicher würden sich an den Pionierleistungen der August Stramm oder Albert Ehrenstein junge geschwungene Seelen wieder entzünden, und mit wehenden Worten in dichterisches Neuland vorstoßen.[16]

Am 16. September 1952 – also etwa gleichzeitig mit der Zusendung des erwähnten Bense-Buchs, vielleicht auch schon in Reaktion darauf – schreibt Schmidt sein Widmungsdicht „Ich habe mich dem Leben nie entzogen" mit den Schlußzeilen „(Wortmontage für / Professor Max Bense, Stuttgart)", das in weiten Teilen aus montierten Einzelwörtern nach Expressionistenmanier („Hände kläffen bunte Stoffe") besteht[17]; diese Montage wird leicht verändert dann auch in den *Faun* übernommen[18]. Außer-

---

[15] Arno Schmidt, „An Uffz. Werner Murawski", in Bargfelder Ausgabe, Bd. III/3 (Zürich: Haffmans 1995), S. 49-61, hier S. 50.

[16] Arno Schmidt, „Rudolf Krämer-Badoni: Mein Freund Hippolyt", ebd., S. 95 f., hier S. 96.

[17] Arno Schmidt, „Ich habe mich dem Leben nie entzogen", in Bargfelder Ausgabe, Bd. I/4 (Zürich: Haffmans 1988), S. 171 f., hier S. 172.

[18] Vgl. Schmidt, *Aus dem Leben eines Fauns*, a.a.O., S. 352 f.

dem läßt Schmidt den *Faun*-Erzähler Düring zu den Lichteffekten im Landratsbüro „expressionistische Bilder“[19] assoziieren und ein Otto-Mueller-Gemälde mit den Worten rühmen: „es lebe unser großer heiliger Expressionismus!!“[20] Daß sich dieser Lobpreis nicht nur auf den Expressionismus in der bildenden Kunst, sondern auch auf den literarischen bezieht, verrät Düring dem Leser (wenn auch nicht seinem Vorgesetzten), als er auf die Frage nach seiner bevorzugten Lektüre erklärt: „»Wieland viel, Herr Landrat; Cooper, Holberg, Moritz, Schnabel, Tieck, Swift; auch Scott.« (‹Expressionisten› sagte ich nicht: Dir nicht;)“[21]; und auch bei der Klage über die Entscheidungen des Nobelpreiskomitees kommen zu Unrecht übergangene Expressionisten ins Spiel: „man denke an Rilke, Däubler, oder Alfred Döblin – während ein Dreck wie Sienkiewicz preisgekrönter Dreck wurde!“[22]

In der zweiten Hälfte des Jahres 1953 kommt Schmidt zweimal auf den Expressionismus zu sprechen. In „Seelandschaft mit Pocahontas“ verbindet er ihn mit den Freuden der Jugend („was war ich für ein Kerl mit 18 gewesen, Barrenhandstand und Expressionismus, Körperfeuer und Gesang“)[23]; in der Urfassung der „Berechnungen“ dann klingt erstmals so etwas wie verhaltene Kritik am Expressionismus an: „Unsere gebräuchlichen Prosaformen entstammen sämtlich spätestens dem 18. Jahrhundert; seitdem ist kein Versuch zur systematischen Weiterentwicklung unternommen worden (abgesehen von einigen

[19] Ebd., S. 325.
[20] Ebd., S. 355.
[21] Ebd., S. 329.
[22] Ebd., S. 364.
[23] Arno Schmidt, „Seelandschaft mit Pocahontas“, in Bargfelder Ausgabe I/1, a.a.O., S. 391-437, hier S. 406.

zerfahrenen Ansätzen im Expressionismus).“[24] Warum dem Expressionismus nur ‚Ansätze‘ zuzubilligen sind, verrät Schmidt Ende 1956 in dem Fouqué-Aufsatz „Anachronismus als Vollendung“: er spricht von der „wetterleuchtend kurzen Dauer von nur zwei Jahrzehnten, wie sie etwa unserem Expressionismus beschieden war: da ist an Vollendung wahrlich nicht zu denken.“[25] Zwischen diesen beiden vorsichtigen Relativierungen bricht Schmidt allerdings in *Das steinerne Herz* eine weitere Lanze für den Expressionismus, und zwar wiederum im Rahmen einer seiner Nobelpreis-Schmähungen: „Wer imstande war, Scienkiewicz, Paul Heyse, Winston Churchill, den Preis zu verleihen: und Rilke, Theodor Däubler, Döblin, Jahnn, zu übergehen (von August Stramm, Kafka, Trakl ganz zu schweigen): der hat kein Anrecht mehr darauf, ernst genommen zu werden!“[26]

Anfang 1956 beklagt Schmidt in „Vom neuen Großmystiker“ die Antiquiertheit Karl Mays („Ts, ts! Und das zu einer Zeit, wo der Expressionismus längst begonnen hatte!“)[27]; nicht lange danach ringt er sich in „Dichter und

---

[24] Arno Schmidt, „Berechnungen“, in Bargfelder Ausgabe III/3, a.a.O., S. 101-106, hier S. 101.

[25] Arno Schmidt, „Anachronismus als Vollendung (Zum Gedächtnis an Friedrich de la Motte-Fouqué)“, in Bargfelder Ausgabe, Bd. II/1 (Zürich: Haffmans 1990), S. 153-174, hier S. 155.

[26] Arno Schmidt, *Das steinerne Herz. Historischer Roman aus dem Jahre 1954 nach Christi*, in Bargfelder Ausgabe, Bd. I/2 (Zürich: Haffmans 1986), S. 7-163, hier S. 128.

[27] Arno Schmidt, „Vom neuen Großmystiker (Karl May)“, in Bargfelder Ausgabe II/1, a.a.O., S. 207-233, hier S. 228. Die Klage wird wiederholt in der zum Dialog erweiterten Fassung des Textes. Vgl. Arno Schmidt, „Abu Kital. Vom neuen Großmystiker“, in Bargfelder Ausgabe, Bd. II/2 (Zürich: Haffmans 1990), S. 31-59, hier S. 42 f.: „Sogar einen Band Gedichte, ‹Himmelsgedanken›, fühlte er sich bemüßigt vorzulegen; obgleich ihn der eigene Verleger bestürzt davor warnte, dergleichen Trivialitäten doch lieber nicht zu publizieren. Der schwere kostbare Leinenband, Goldschnitt rundherum,

ihre Gesellen“ seine bis zu diesem Zeitpunkt heftigste Kritik am literarischen Expressionismus ab:

> *Völlig verkehrt allerdings* wäre ein Eingehen auf expressionistische Versstummel; ein Kultivieren von Gedanken= und Bildergeschmieren in bloßen Andeutungen, das unvermeidlich zum sprachlosen Vollziehen hin konvergieren würde: das hieße, wie schon gesagt, nur der ohnehin gefährlich vorhandenen, beruflich begründeten, Neigung der Techniker Vorschub leisten, Vierfünftel der Gehirntätigkeit in wortlose Denkspiele zu verlegen – wir wollen den verdächtig dürren Ast, auf dem wir, Hoppla Kultur, mühsam balancieren, nicht noch selbst absägen![28]

In dieser Phase – 1956/57; Schmidt erlebt in Darmstadt Gedeih und Verderb künstlerischer Gruppenbildung – scheint Schmidt in seiner Haltung zum Expressionismus ein wenig unsicher geworden zu sein. Einerseits führt er habituell Expressionisten auf, wenn er ein ums andere Mal die einschlägigen Unterlassungen bei der Nobelpreisvergabe beklagt – so in „Stigma der Mittelmäßigkeit“ („Rilke; Theodor Däubler; Kafka; Alfred Döblin; Hans Henny Jahnn (von Stramm oder Trakl ganz zu schweigen!)“[29]) und „Der Bogen des Odysseus“ („Hat ihn bei uns Alfred Döblin erhalten? Theodor Däubler? Rilke? Bert Brecht?“[30]) – oder dem wiederauferstandenen Goethe

---

ist eigentlich nur durch die Naivität bemerkenswert, mit der May – zu einer Zeit, wo der Expressionismus längst begonnen hatte! – einleitend Gott Vater sagen läßt [...]“.

28 Arno Schmidt, „Dichter und ihre Gesellen“, in Bargfelder Ausgabe III/3, a.a.O., S. 285-291, hier S. 290.

29 Arno Schmidt, „Stigma der Mittelmäßigkeit“, ebd., S. 295-297, hier S. 296.

30 Arno Schmidt, „Der Bogen des Odysseus. Notwendige Berichtigung der Behauptung, daß ein Deutscher ihn neulich gespannt

die besten Autoren der letzten Jahrzehnte herzählt („Nietzsche, Hauptmann, Stramm. Däubler. Brecht, Albert Ehrenstein. Döblin, Jahnn, Kreuder. / Otto Babendiek gleich David Copperfield. / Werfel. Musil, Edschmid“[31]). Andererseits sieht er in dem Anfang 1957 geschriebenen kurzen Aufsatz „Literatur: Tradition oder Experiment?“ das Potential der ehedem so heiß gepriesenen Schreibweise doch als begrenzt an:

> was der Expressionismus machte, hat ebenso Aristophanes geübt, der unvergleichliche Fischart, oder der ganz junge und der ganz alte Goethe. Hier sind durch das einzige kleine Wörtchen ‹Verständlichkeit› dem Experiment so enge Grenzen gezogen, daß es praktisch entfällt.[32]

Der Zwiespalt, in dem Schmidt sich in dieser Phase befindet, ist offensichtlich. Wenn er ein begründetes Urteil zu expressionistischen Verfahren formulieren soll, geht er auf Distanz und kann seine Bedenken und kritischen Einschränkungen nicht verhehlen – wenn er aber erlebt, daß die Expressionisten von irgendwem ignoriert oder gar geschmäht werden, erwacht seine alte Begeisterung, und er legt sich gehörig für sie ins Zeug.

---

hätte“, in Bargfelder Ausgabe II/2, a.a.O., S. 7-30, hier S. 9. Die selben Namen in leicht veränderter Reihenfolge bringt Schmidt später noch ein weiteres Mal. Vgl. Arno Schmidt, „Die Wüste Deutschland“, in Bargfelder Ausgabe III/3, a.a.O., S. 447-450, hier S. 447: „Aber James Joyce hat die rettenden 150000 Mark nicht gekriegt. (Oder, um deutsche Namen zu nennen, nicht Rilke, Däubler, Döblin, Brecht – wie man sich denn oft in eine geistige Ruhmeshalle versetzt glaubt, wenn man die Dichter sich vorstellt, die den Nobelpreis nicht erhielten.)“

31 Arno Schmidt, „Goethe und Einer seiner Bewunderer“, in Bargfelder Ausgabe I/2, a.a.O., S. 189-220, hier S. 204.

32 Arno Schmidt, „Literatur: Tradition oder Experiment?“, in Bargfelder Ausgabe III/3, a.a.O., S. 338-341, hier S. 340.

Ein solcher Fall, in dem eine flammende Verteidigungsrede vonnöten ist, ist die Rezension „Die aussterbende Erzählung“, die Schmidt im Herbst 1957 schreibt und in der er seinem Zorn über die abkanzelnden Urteile des Literaturhistorikers Fritz Lockemann die Sporen gibt:

> Kasimir Edschmid ist »chaotischer Krampf«. Kafka's »Menschen wollen die Mahnung der Ordnungswelt nicht hören«. Stefan Zweig laboriert an der »oft geradezu krampfhaften Darstellung leidenschaftlicher Zustände«. Wie Lockemann denn überhaupt generell weiß, daß »der Expressionismus der Novelle nicht günstig« war: oh Theodor Däubler, Alfred Döblin, Musil, Schickele, Jahnn, Ehrenstein, Unruh, und wenns Klabund ist![33]

Schmidts Eintreten für die geschmähten Expressionisten an dieser Stelle ist gewiß honorig, auch wenn man sich durchaus fragen könnte, was denn Ehrenstein und Unruh in einer Aufzählung von Novellenverfassern zu suchen haben; Schmidt wird hier getrieben von der Erregung über eine um sich greifende Ignoranz, die er in der gleich anschließend geschriebenen Andersch-Rezension „Das=Land=aus=dem=man=flüchtet“ platt und deutlich benennt: „Auch ‹uns› gilt – man sei doch ehrlich – Barlach oder der Expressionismus längst wieder als ‹entartete Kunst›!“[34] In „Die Wüste Deutschland“ bringt Schmidt diese Erregung ein wenig verbindlicher zum Ausdruck:

> Eine relative Öde unserer Literatur ist unleugbar (relativ insofern, als zuweilen ganze Meteorschwärme von Talenten auftreten, eins am andern sich entzündend,

[33] Arno Schmidt, „Die aussterbende Erzählung“, ebd., S. 181-183, hier S. 383 f.

[34] Arno Schmidt, „Das=Land=aus=dem=man=flüchtet“, ebd., S. 386-389, hier S. 388.

> eins das andre beleuchtend, ‹Romantik› oder ‹Expressionismus›). [...] Und die Literaturhistoriker hinken grausam hinterher: ein Professor, der so weit gelangt, den Expressionismus für sich zu ‹entdecken›, ist ein Fönix, und gilt bei Kollegen als ‹unruhiger Kopf›.[35]

Hier treffen wir zum ersten Mal auf die Verbindung des Expressionismus mit der Romantik. Etwas näher erläutert wird diese Verbindung von Schmidt 1959 in dem Tieck-Funkessay „‹Funfzehn›“:

> Darf ich [...] auf den uns noch=nahen Expressionismus hinweisen?: auch hier eine zutiefst erschütterte Kriegs= und Nachkriegsgeneration. Auch er die künstlerische Aussageform Derer, denen die Welt jahrelang entscheidend gewankt hat, und die ihr dieses Wanken nun mit mißtrauischem Realismus vergelten: vermittelst Verkündung der neuen Einsicht, daß Leben und Biwakieren unangenehme Ähnlichkeit miteinander haben. Es ist schon die gleiche vertrauteste Wirrnis; dieselbe Überanstrengung der Sprache, von der genialsten Züchtung bisher ungepaarter Worte an, bis hin zum Zungenreden und skid=talking.[36]

Auch in seiner Fouqué-Biographie zieht Schmidt diese Verbindung:

> Man halte sich doch immer gegenwärtig, daß damals die »neue richtung«, die Romantik, wie ein Meteor vor den erstaunten Zeitgenossen aufging; am besten vergleichen wir Heutigen sie mit der uns geläufigen, gleich revolutionären, Bewegung des Expressionismus

---

[35] Schmidt, „Die Wüste Deutschland“, a.a.O., S. 447.

[36] Arno Schmidt, „‹Funfzehn›. Vom Wunderkind der Sinnlosigkeit“, in Bargfelder Ausgabe II/2, a.a.O., S. 285-332, hier S. 304.

(dem sie nebenbei, zumal in ihren formalen Bestrebungen, mehr ähnelt, als man zuerst meinen möchte).[37]

Gerade Fouqué möchte man nun eigentlich nicht für denjenigen Romantiker halten, der am ehesten mit den Expressionisten vergleichbar wäre, aber vielleicht hat es autobiographische Ursachen, wenn Schmidt hier unvereinbar scheinende Dinge koppelt. Schon vor Abfassung des Tieck-Funkessay und vor Erscheinen der Fouqué-Biographie hat er in dem Aufsatz „Begegnung mit Fouqué" die Erstlektüre seines Lieblingsromantikers ausdrücklich in jene Zeit verlegt, da er sich für den Expressionismus begeisterte; in einer vielzitierten Passage erwähnt Schmidt seine Abiturprüfung „in ‹deutsch›, wo ich den Expressionismus pries – was mich folglich im Frühjahr 33 das ‹Sehr Gut› im Abschlußzeugnis kostete"[38]. Für den Zusammenhang zwischen Schmidts Lobpreis des Expressionismus und seiner enttäuschenden Abiturnote haben wir außer dieser Nebenbemerkung in „Begegnung mit Fouqué" keinerlei Beleg, und die Mitteilung riecht ein wenig nach Selbststilisierung – hat Schmidt nicht auch stets behauptet, seines jüdischen Schwagers wegen habe er sein Studium abbrechen müssen, ein Studium, von dem wir heute wissen, daß es das nie gegeben hat? Andererseits hatte die Geschichte mit dem Studium einen handfesten praktischen Grund (Schmidt mußte die Jahre füllen, um die er sich in der Kriegsgefangenschaft zur Vermeidung befürchteter Nachteile älter machte); ein solcher Grund für die Erfindung eines Eintretens für die Expressionisten in der

---

[37] Arno Schmidt, *Fouqué und einige seiner Zeitgenossen. Biographischer Versuch*, Bargfelder Ausgabe, Bd. III/1 (Zürich: Haffmans 1993), S. 150.

[38] Arno Schmidt, „Begegnung mit Fouqué", in Bargfelder Ausgabe III/3, a.a.O., S. 421-428, hier S. 422.

Abiturprüfung ist nicht ersichtlich, es sei denn halt als Ausrede für eine schwache Note. Plausibel klingt die Geschichte mit der Abiturprüfung durchaus; könnte aber dann, wenn sie stimmt, die ‚Schuld' der Expressionisten an der unbefriedigenden Zensur für Schmidt womöglich Anlaß genug gewesen sein, ab 1933 seine literarische Begeisterung lieber anderen Autoren und Schreibweisen zu schenken? Hinweise dafür, daß Schmidt sich zwischen 1933 und 1945 noch mit expressionistischer Literatur beschäftigt hätte, sind jedenfalls äußerst rar gesät.

Und gegen Ende der 1950er Jahre scheint Schmidts pauschales Eintreten für die Expressionisten erneut ein wenig zu erlahmen, was vielleicht auch daran liegt, daß er gerade um diese Zeit neue Einflüsse zu verarbeiten hat, nämlich zunächst Joyce und bald dann Freud (wie nützlich ihm einzelne Autoren aus dem Umkreis der Expressionisten dabei sind, werden wir unten noch sehen); vielleicht hängt es aber ja auch damit zusammen, daß jetzt expressionistische Autoren verstärkt auch von anderen Fachkundigen wiederentdeckt und neu ediert werden; bekanntlich bewegte Schmidt sich nicht gerne in Trends und Moden.

In dem (Fragment gebliebenen) Jahnn-Dialog „Die Tugenden der Kaulquappe", den Schmidt Anfang November 1961 schreibt, benennt er seine „Dekadenleute" oder guten Meister zweiten Ranges für die Anfangsjahrzehnte des Jahrhunderts. Däubler wird von Schmidt für das erste und Döblin für das dritte Jahrzehnt benannt, hier finden also ein expressionistischer Lyriker und ein expressionistischer Prosaautor Gnade vor Schmidts strengen Augen – freilich Däubler eben für das prä- und Döblin für das postexpressionistische Jahrzehnt. Für das eigentliche Jahrzehnt der Expressionisten, die 1910er Jahre, benennt Schmidt den ausgesprochenen Nichtexpressionisten Rilke als Dekadenmann.[39] Ist das das Ende der Wertschätzung von Stramm, Ehrenstein & Co., also jener betont nicht-epischen Lyriker, die den Kern der expressionistischen Literaturrevolution ausmachen? Fast scheint es so, auch wenn wir uns die kurz vor dem Jahnn-Dialog entstandene Erzählung „Schwänze“ anschauen, die einen Nachklapp in Form der Diskussion eines „sogenannten ‹expressionistischen Gedichtes›“[40] enthält. Die „gutgespielte Fach= Entrüstung ob des ‹Plagiats› oder ‹abgestandenen Expressionismus›“[41] Chr. M. Stadions wird zwar vom ‚Plagiator‘ oder ‚Expressionisten‘ J. B. Lindemann wortreich zurückgewiesen, aber auf wessen Seite Arno Schmidt bei diesem Disput steht, ist keineswegs ausgemacht. Das ‚expressionistische Gedicht‘ „Ländlicher Spaziergang“ ist nicht viel anders gebaut als die expressionistischen Montagen knapp ein Jahrzehnt zuvor in „Ich habe mich dem Leben nie entzogen“ und *Aus dem Leben eines Fauns* (freilich unter Zugabe einer gehörigen Dosis Oken), doch ist nun ein parodistischer oder persiflierender Charakter des Textes unverkennbar – Schmidt mokiert sich. Vielleicht muß man aus der Gedichtzeile „Foben lienen Otten limmen“[42] sogar den expressionistischen Lyriker Karl Otten heraushören, dessen Neuedition des Gesamtwerks von Albert Ehrenstein 1961 (fast gleichzeitig mit der Niederschrift von „Schwänze“) erscheint. Ist das also Schmidts Abschied von den Expressionisten?

---

[39] Vgl. Arno Schmidt, „Die Tugenden der Kaulquappe. Ein Bericht über Hans Henny Jahnns nunmehr fertig vorliegenden Roman ›FLUSS OHNE UFER‹“, in *Fragmente*, a.a.O., S. 236-241, hier S. 236-238.

[40] Arno Schmidt, „Schwänze“, in Bargfelder Ausgabe, Bd. I/3 (Zürich: Haffmans 1987), S. 313-333, hier S. 327.

[41] Ebd., S. 330.

[42] Ebd., S. 328.

Wohl doch nicht, oder zumindest nicht endgültig. Ebenfalls 1961 entsteht Schmidts „Nachwort zu Coopers »Conanchet«“; Schmidt stellt dem Cooperschen Breitwandverfahren „das Verfahren der ‹Expressionisten›“ gegenüber, „die mit 1 Satz schärfste Wortkonzentrate injizieren, und so im Leser das betreffende=gewünschte Bild heraufrufen“[43]; diese Begrifflichkeit hat Schmidt zuvor schon einmal benutzt, und zwar in den „Berechnungen I“ zur Beschreibung seiner eigenen Prosaform „Fotoalbum“[44] – Schmidt stellt sein eigenes Werk der 50er Jahre also direkt neben die Expressionisten und nicht neben Cooper, Brockes, Schefer und Stifter. Freilich sind es in den 60er und 70er Jahren doch die Breitwandmaler, die Schmidt als Leser (und als Übersetzer) zusehends interessieren. Einer von ihnen ist der alte Frenssen, dem Schmidt 1963 seinen Funkessay „Ein unerledigter Fall“ widmet. Darin verzichtet er keineswegs darauf, Frenssen (ganz so wie zuvor schon Karl May) vorzuhalten, nicht ganz auf der Höhe der Zeit gewesen zu sein: „Die ‹Menschheitsdämmerung› ist für ihn nicht erschienen; BENN und STRAMM haben für ihn ebensowenig gelebt, wie DÖBLIN DÄUBLER WERFEL .....“[45] Schmidt mag Frenssen aber deswegen noch lange nicht verurteilen, sondern ringt sich zu einer Unentschiedenheit durch, die er als Toleranz verkauft:

> aber FRENSSEN & seine Kreise haben von Leuten wie THOMAS und HEINRICH MANN, von den beiden HAUPTMANN's, DÖBLIN, DEHMEL, den EXPRES-

---

[43] Arno Schmidt, „Nachwort zu Coopers »Conanchet«“, in Bargfelder Ausgabe, Bd. III/4 (Zürich: Haffmans 1995), S. 130-169, hier S. 135 f.

[44] Arno Schmidt, „Berechnungen I“, in Bargfelder Ausgabe III/3, a.a.O., S. 163-168, hier S. 164 f.

[45] Arno Schmidt, „Ein unerledigter Fall. Zum 100. Geburtstag von Gustav Frenssen“, in Bargfelder Ausgabe, Bd. II/3 (Zürich: Haffmans 1991), S. 93-141, hier S. 130.

> SIONISTEN und wiederum *Deren* Kreisen & Kabalen *auch Dinge gewußt*, daß Ihnen zuweilen vermutlich ebenfalls die Haare zu Berge stehen dürften: jede Gruppe konnte der anderen ‹nachweisen›, daß es sich bei ihr einwandfrei um ‹Satan's crew› handeln *müsse*.[46]

Letzte Lobeshymnen auf den Expressionismus finden sich dann immerhin noch in Schmidts Spätwerk. In der *Schule der Atheisten* darf der alte Kolderup befinden: „anläßlich d'ANNUNZIO's sieht man erst ein, *wie*=notwendnd d Expressionismus gewordn war“[47]; in *Abend mit Goldrand* singt Olmers ein wohl autobiographisch auf Schmidt zurückzubiegendes „Lob noch der Stadtbibliothek (im Rathaus untergebracht), die ich fleißig benützt habe; und ihrem LeseSäälchen, wo immer die neuesten expressionistisch'n Anthologien standn.“[48] (Zur Frage, um welche „neuesten expressionistisch'n Anthologien“ es sich gehandelt haben könnte, wird weiter unten noch etwas zu vermuten sein.) Eine letzte Stellungnahme zum Expressionismus findet sich in *Julia, oder die Gemälde*, wo Jhering dekretiert: „vor allem könnten diverse halbmystische Expressionisten lorberverdächtig sein“[49]; als Beispiele nennt er dann allerdings nur Schmidtbonns *Pelzhändler* (die expressionistisch zu nennen höchst übertrieben wäre) und Werfels *Stern der Ungeborenen* (der erst zwei Jahrzehnte nach Ende der expressionistischen Phase entstand), zwei Bücher, die für Schmidt erst

---

[46] Ebd., S. 141.

[47] Arno Schmidt, *Die Schule der Atheisten. Novellen=Comödie in 6 Aufzügen*, Bargfelder Ausgabe, Bd. IV/2 (Zürich: Haffmans 1994), S. 244.

[48] Arno Schmidt, *Abend mit Goldrand. eine MärchenPosse. 55 Bilder aus der Lä\Endlichkeit für Gönner der VerschreibKunst*, Bargfelder Ausgabe, Bd. IV/3 (Zürich: Haffmans 1993), S. 153.

[49] Arno Schmidt, *Julia, oder die Gemälde. Scenen aus dem Novecento*, Bargfelder Ausgabe, Bd. IV/4 (Zürich: Haffmans 1992), S. 126.

ab *Zettel's Traum* wichtig wurden und mit seiner früheren Expressionismusbegeisterung nicht viel zu tun haben.

Die groben Tendenzen der im vorstehenden zusammengestellten Kommentare Schmidts zur expressionistischen Literatur sind unschwer zu erkennen. Die zu Beginn der 50er Jahre uneingeschränkte Zustimmung nimmt in der Folge deutlich ab; Schmidt ist zwar gern bereit, ein Wort für den Expressionismus einzulegen, wo dieser ignoriert oder schlechtgeredet wird, bringt bei anderer Gelegenheit aber auch selbst Einwände zur Sprache. Ab 1960 reduziert sich zudem die Frequenz der Bezugnahme Schmidts auf den Expressionismus stark. Unabhängig von diesen Verschiebungen sind allerdings in Schmidts Bezugnahmen auf expressionistische Dichtung zwei Schwerpunkte auszumachen, die möglicherweise in Zusammenhang miteinander stehen. Zum einen wird von Schmidt der Expressionismus vornehmlich dann – vor allem positiv – zum Thema gemacht, wenn er (oder sein Einfluß) irgendwo zu fehlen scheint, bei der Nobelpreisvergabe etwa, in Urteilen über Literatur oder in der literarischen Praxis; Beispiele sind hier die Schreibweisen Frenssens oder des späten Karl May, die vom Expressionismus unbeeindruckt bleiben. Zum anderen kommt Schmidt immer gern dann auf den Expressionismus zu sprechen, wenn er sich an seine eigene Jugend erinnert, auch an das, was er damals gelesen und goutiert hat – hier sind wir wieder bei May, vielleicht auch bei Frenssen, außerdem bei Fouqué. Überspitzt ließe sich sagen, Schmidt selbst ist es, dem die Expressionisten fehlen, und sie fehlen ihm, weil ihm das Lebens- und Lesegefühl der späten 20er und frühen 30er Jahre abhanden gekommen ist, in denen er ihre Schreibweisen erstmals für sich entdeckt hat.

Wie tief und wie weit die Kenntnisse wirklich reichten, die sich diesen frühen Entdeckungen verdankten, möchte ich nun in einem zweiten Schritt untersuchen, in dem es mir nicht mehr um pauschale oder summarische Bezugnahmen auf die Expressionisten insgesamt geht, sondern um einzelne Autoren expressionistischer oder dem Expressionismus nahestehender Provenienz. Im Vordergrund soll dabei die Frage stehen, wann Schmidt nachweislich was von den betreffenden Autoren gekannt und gehalten (und das heißt auch: zitiert, kommentiert und besessen) hat. Ich werde mich dabei aus methodischen Gründen weitgehend auf belegbare Rezeptionsspuren beschränken und vage Rezeptionsvermutungen, wie sie in der vorliegenden Sekundärliteratur gelegentlich zu finden sind, tunlichst außer acht lassen. Insgesamt sind es 26 Autoren, die für diese Einzelprüfungen von Belang sind, drei Dramatiker, acht Prosaisten und fünfzehn Lyriker. Sehr viel länger übrigens ist die Liste jener expressionistischen oder dem Expressionismus nahestehenden Autoren, die Schmidt nach derzeitigem Kenntnisstand *nicht* rezipiert oder zu denen er sich jedenfalls nie geäußert hat; auf dieser Liste stehen so wichtige Namen wie Carl Einstein, Gerrit Engelke, Salomo Friedländer (Mynona), Ferdinand Hardekopf, Henriette Hardenberg, Max Herrmann-Neiße, Jakob van Hoddis, Ernst Wilhelm Lotz, Franz Pfemfert, Kurt Pinthus, Gustav Sack, Ernst Stadler, Herwarth Walden und Paul Zech. Hinzu kommt noch eine zweite Negativliste, Autoren enthaltend, die Schmidt nur en passant und ohne erkennbare Werkkenntnis erwähnt, beispielsweise in einer der oben zitierten summarischen Namensaufzählungen: Johannes R. Becher[50], Max Brod[51],

[50] Vgl. Schmidt, *Das steinerne Herz*, a.a.O., S. 63: „*Johannes R. Becher:* endlich mal wieder, seit Goethe, daß n deutscher Dichter Minister ist!“ Sowie Arno Schmidt, „Nachschlagewerk im Werden“, in Bargfelder Ausgabe III/4, a.a.O., S. 265-270, hier S. 266: „Habe dort [in Ostberlin] die Taschenbücher des ‹Aufbau=Verlages› gesehen: FONTANE und BECHER; HEINRICH MANN und

Leonhard Frank, Klabund[52], Ludwig Meidner (den Schmidt nur als bildenden Künstler erwähnt[53]), René Schickele und Fritz von Unruh.

Soweit die Negativlisten; kommen wir zur Positivliste und hier zunächst zu den Dramatikern, die Schmidt (zumindest vor der Arbeit am Spätwerk) sicherlich am wenigsten interessieren. **Ernst Toller** wird in *Zettel's Traum* dreimal erwähnt[54]; alle drei Erwähnungen beziehen sich auf Tollers *Hinkemann*-Drama, das Schmidt aus einer 1962 angeschafften Werkausgabe kennt, die in seiner Nachlaßbibliothek steht[55]. **Carl Sternheim** nimmt Arno

---

LEONHARD FRANK; THEODOR STORM und GÜNTHER WEISENBORN; pro Band 1,85."

51 Vgl. Arno Schmidt, „Dichter & ihre Gesellen: Jules Verne", in Bargfelder Ausgabe III/4, a.a.O., S. 413-425, hier S. 420: „MAX BROD hat die ‹Reise zum Mond› das Lieblingsbuch seiner Kinderjahre genannt."

52 Vgl. Arno Schmidt, „Magnus nascitur ordo", ebd., S. 439-443, hier S. 442: „‹Nationalistische Verirrung zu Anfang des (I.Welt=)Krieges›?: hätte sich nicht nur bei KLABUND hinschreiben lassen!" Sowie Schmidt, *Julia, oder die Gemälde*, a.a.O., S. 45: „Es giebt übrigens ne ganze Anthologie Deutscher Kriegsgedichte, wo Se auch Alle drin antreff'n können: KLABUND, und SCHAEFFER, KERR und DAUTHENDEY's ›Emden‹." 1933 hat Schmidt seinem Freund Heinz Jerofsky immerhin einen Band mit Klabunds Nachdichtungen chinesischer Lyrik geschenkt; vgl. *„Wu Hi?" Arno Schmidt in Görlitz Lauban Greiffenberg*, hg. v. Jan Philipp Reemtsma u. Bernd Rauschenbach (Zürich: Haffmans 1986), S. 231.

53 Schmidt, *Die Schule der Atheisten*, a.a.O., S. 36: „KOLDERUP (bittet Sie, die Rolle mit den ›Lithos‹ usw an sich zu nehmen): »Ich hab noch Ludwig Meidner mit=reingetan, ›Im Nacken das Sternen= Meer‹ [...]«".

54 Vgl. Arno Schmidt, *Zettel's Traum* (Stuttgart: Goverts Krüger Stahlberg 1970), S. 202 lu: „HäßDema ERNST TOLLER gelesn?", S. 529: „'toll' Wilma?: nein, TOL*LÉR!!*", 739 rm: „das empfindet nur ein 'HINKEMANN', ein TOLLER=TAMERLANE".

55 Vgl. Gätjens / Jürgensmeier, *Die Bibliothek Arno Schmidts*, a.a.O., Nr. 458.

Schmidt leider nicht erkennbar als Erzähler wahr, auch wenn eine entweder 1970 oder 1975 gekaufte Ausgabe des Romans *Europa* in der Nachlaßbibliothek steht[56]; als Verfasser des Dramas *Die Hose* findet er kurz Erwähnung in *Zettel's Traum*[57] und im Bulwer-Funkessay „Was wird er damit machen?"[58], wobei offen bleiben muß, woher Schmidts Textkenntnis rührt – womöglich aus einer im Fernsehen gezeigten Aufführung. Auch **Georg Kaiser** taucht in *Zettel's Traum* kurz auf[59]; von größerem Belang aber ist, daß es sich beim „Ich uill ihn gebähren"[60] in Schmidts Erzählung „‹Piporakemes!›" um ein Zitat aus dem ersten Teil von Kaisers Drama *Gas* handelt. Schmidt kannte das Drama vermutlich nicht komplett, sondern er konnte einen Auszug – und darin die Wendung, derer er sich bedient – im zweiten (Expressionismus-) Band von Soergels *Dichtung und Dichter der Zeit* finden, den er seit 1960 (wieder) zur Verfügung hatte[61]. Soergel wird uns,

---

[56] Vgl. ebd., Nr. 450.

[57] Vgl. Schmidt, *Zettel's Traum*, a.a.O., S. 565 mo: „Definition der 'Liebe': ‚2 Schläuche, die ineinander=gesteckt werdn", 1231 mu: Namenskalauer.

[58] Vgl. Arno Schmidt, „Was wird er damit machen? Nachrichten aus dem Leben eines Lords", in Bargfelder Ausgabe II/3, a.a.O., S. 283-325, hier S. 296: „'n fleißiger Mensch, mit 14= oder 16=StundenTag hat doch weder Lust noch Kraft mehr, zu sündigen: denk ma an STERNHEIM's ‹Hose›, und Dessen WEDEKIND=Parodie."

[59] Vgl. Schmidt, *Zettel's Traum*, a.a.O., S. 453 mu: „wir habm damals weder an WEDEKINDS 'Franziska' gedacht; noch an KAISER's Papiermühle'", S. 605 ro: Titelnennung „DER GÄRTNER VON TOULOUSE".

[60] Arno Schmidt, „Dr. Mac Intosh: ‹Piporakemes!›", in Bargfelder Ausgabe, Bd. I/3 (Zürich: Haffmans 1987), S. 399-421, hier S. 419. Wiederholt in Schmidt, *Zettel's Traum*, a.a.O., S. 824 rm. Zitatnachweis von Ernst-Dieter Steinwender und Rudi Schweikert in *Bargfelder Bote*, Lfg. 172-174 / Januar 1993, S. 27.

[61] Vgl. Gätjens / Jürgensmeier, *Die Bibliothek Arno Schmidts*, a.a.O., Nr. 446.2; sowie Albert Soergel, *Dichtung und Dichter der Zeit.*

wie ich schon einmal verraten darf, noch mehrfach beschäftigen.

Als vierten expressionistischen Dramatiker könnten wir hier noch **Hans Henny Jahnn** berücksichtigen, der seine Karriere mit der Abfassung von Theaterstücken begann. Für Schmidt allerdings war er lediglich als (bestenfalls postexpressionistischer) Prosaautor von Belang, und auch das vermutlich erst spät. Schmidt lernte Jahnn 1950 bei der Verleihung des Akademiepreises kennen und führte ab 1955 eine sporadische Korrespondenz mit ihm, hielt aber mit seiner wirklichen (nicht unbedingt sonderlich freundlichen) Meinung über Jahnns Qualitäten meist hinter dem Berg.[62] In Schmidts Nachlaßbibliothek stehen etliche Bücher Jahnns, angeschafft ab Ende 1954[63] (der erste Zugang ist der Prosaband *13 nicht geheure Geschichten*, den Schmidt gratis von Rowohlt bekommt und behält – wohl nicht zuletzt, weil hinten in dem Band für Schmidts eigene Rowohlt-Bücher geworben wird[64]);

Eine Schilderung der deutschen Literatur der letzten Jahrzehnte. Neue Folge: Im Banne des Expressionismus (Leipzig: Voigtländer 1925), S. 680: „Ich will ihn gebären!"

62 Zu Jahnn und Schmidt vgl. Elsbeth Wolffheim, „Hans Henny Jahnn – ‚einer aus der ‚Sybillengilde'"", in *Bargfelder Bote*, Lfg. 121 / Oktober 1987, S. 3-11; Marion Diedel-Käßner, „Keine Vereine! Einige Anmerkungen zur Berufung Arno Schmidts in die Freie Akademie der Künste in Hamburg 1960", in *Bargfelder Bote*, Lfg. 137 / April 1989, S. 4-8.

63 Vgl. Gätjens / Jürgensmeier, *Die Bibliothek Arno Schmidts*, a.a.O., Nr. 395.1-10.

64 Vgl. Friedhelm Rathjen, „Grimme Plage. Eine erste Übersicht über die von Arno Schmidt rezipierten Rowohlt-Bücher 1947-55", in Frank Legl (Hg.), *Zettelkasten 25. Aufsätze und Arbeiten zum Werk Arno Schmidts. Jahrbuch der Gesellschaft der Arno-Schmidt-Leser 2006* (Wiesenbach: Bangert & Metzler 2008), S. 197-251, hier S. 245; erweiterter Nachdruck in Friedhelm Rathjen, *Der Bücherfresser. Arno Schmidt als Wiederverwerter* (Scheeßel: Edition ReJoyce 2009), S. 59-103, hier S. 55.

Bezugnahmen auf Jahnn in Schmidts Werk vor 1960 beschränken sich auf seine Aufnahme in einige der oben zitierten Namenslisten anläßlich von Nobelpreisschelten und ähnlichen summarischen Hinweisen; in dem Fragment „Die Tugenden der Kaulquappe“ von 1961 wird Jahnn zwar zum ‚Dekadenmann‘ erhoben, und zwar für die 40er Jahre[65], aber doch schon recht kritisch beurteilt; danach avanciert Jahnn (vor allem in *Sitara* und *Zettel's Traum*[66]) zu einem Beispiel für den von Schmidt abgekanzelten Autorentypus des ‚Dichterpriesters‘. Von Jahnn-Textkenntnis ist bei Schmidt frühestens zu Ende der 50er Jahre etwas zu spüren; für eine Kenntnis des Werks von Jahnn schon vor dem Krieg spricht nach gegenwärtigem Stand nichts – außer Schmidts Selbstbekundung in seinem ersten Brief an Jahnn („Erlauben Sie mir noch, Ihnen zu sagen, daß ich Sie und Alfred Döblin seit meiner Jugend für die weitaus bedeutendsten lebenden Künstler in deutscher Sprache halte“[67]), die aber erkennbar darauf abzielt, sich bei Jahnn einzuschmeicheln, und deswegen nicht notwendigerweise zum Nennwert zu nehmen ist.

Kommen wir zur expressionistischen Prosa im eigentlichen Sinne und damit zu einer Gattung, die Schmidt weitaus mehr interessierte als das Drama. **Gustav Meyrink** war für Schmidt vor allem als Dickens-Übersetzer von Belang, aber auch Meyrinks eigenes Werk kannte Schmidt zumindest teilweise, und das wohl schon sehr

---

65 Vgl. Schmidt, „Die Tugenden der Kaulquappe“, a.a.O., S. 238.

66 Vgl. Friedhelm Rathjen, „Zettel's Charts. Die Top 40 der Moderne in *Zettel's Traum*“, in Jörg Drews / Doris Plöschberger (Hg.), *„Des Dichters Aug' in feinem Wahnwitz rollend ...“ Dokumente und Studien zu „Zettel's Traum“* (München: edition text + kritik 2001), S. 261-277, hier S. 265 f.; im Detail ergänzter Nachdruck in Rathjen, *Der Bücherfresser*, a.a.O., S. 149-166, hier S. 154 f.

67 Schmidt, *Briefwechsel mit Kollegen*, a.a.O., S. 59 (Brief Nr. 56 v. 18.2.55).

früh. Heinz Jerofsky erwähnt in seinen Erinnerungen an die gemeinsame Schulzeit, daß Schmidt und er unter anderem den Titel von Meyrinks Roman *Der Engel vom westlichen Fenster* benutzten, um damit Mitschülerinnen zu charakterisieren.[68] In Schmidts Nachlaßbibliothek steht Meyrinks Roman *Das grüne Gesicht*, angeschafft 1956, sowie eine erst 1976 erschienene Auswahl aus *Des deutschen Spießers Wunderhorn*, aus dem Schmidt aber auch vorher schon zumindest einzelne Texte gekannt haben muß. Im Frenssen-Funkessay „Ein unerledigter Fall" erwähnt Schmidt „MEYRINK's witzige Parodien"[69]; in *Zettel's Traum* spielt er möglicherweise auf den Titel von *Der Golem* an[70]; in *Abend mit Goldrand* schließlich findet sich eine Titelerwähnung von *Das grüne Gesicht*[71]. Auch auf **Walter Hasenclever** nimmt Schmidt sowohl in *Zettel's Traum*[72] als auch in *Abend mit Goldrand*[73] Bezug; in beiden Fällen beruht die Textkenntnis auf der von Kurt Pinthus herausgegebenen Auswahlausgabe von 1963, die in Schmidts Nachlaßbibliothek steht[74]. Auf **Carl Hauptmann** kommt Schmidt in *Abend mit Goldrand* kurz zu sprechen, wobei sich die recht kryptisch angelegte Stelle („›Christus einen Salamander reiben‹, Carl Haupt-

---

[68] Heinz Jerofsky, „Erinnerungen an Arno Schmidt", in *„Wu Hi?"*, a.a.O., S. 29-51, hier S. 36.

[69] Schmidt, „Ein unerledigter Fall", a.a.O., S. 138.

[70] Vgl. Schmidt, *Zettel's Traum*, a.a.O., S. 933 ru: „Der Gåullem...".

[71] Vgl. Schmidt, *Abend mit Goldrand*, a.a.O., S. 209: „›Was Die sonst so lesn?‹ – : nu MEYRINK's ›Grünes Gesicht‹".

[72] Vgl. Schmidt, *Zettel's Traum*, a.a.O., S. 1019 mo: „Und was feinsinnije Discurse angeht, 'Ob HASENCLEVER als Dichter größer gewesn sei, denn FEININGER als Maler?'"

[73] Vgl. Schmidt, *Abend mit Goldrand*, a.a.O., S. 46: „Ich? ›voreingenommen‹?: na, da lesn Se ma' in HASENCLEVER's ›Rechtlosen‹, wie Dér über die Strizzis dachte!"

[74] Vgl. Gätjens / Jürgensmeier, *Die Bibliothek Arno Schmidts*, a.a.O., Nr. 380.

mann“[75]) allerdings bei genauerer Recherche als ungenaues Zitat aus den Erinnerungsschriften von Carls Bruder Gerhart Hauptmann entpuppt[76]; von Carl Hauptmann steht in Schmidts Nachlaßbibliothek zwar eine frühe Ausgabe des Romans *Einhart der Lächler*, allerdings wurde sie erst 1978 angeschafft.

Franz Kafka gilt nicht gerade als Schmidtscher Lieblingsautor, doch in der Nachlaßbibliothek stehen mehrere in den 60er und 70er Jahren angeschaffte Bände von und über Kafka sowie als Ausgabe von 1953 der Roman *Amerika*[77], den Schmidt seiner Frau mindestens zweimal vorgelesen hat[78]. In den oben bereits zitierten Nobelpreis- und Lockemann-Schelten wird Kafka auf eine Weise genannt, die über eine mögliche Textkenntnis nichts aussagt; eine sachlich irrige Bezugnahme in „Der Dichter und die Mathematik“ („Franz Kafka war Landmesser“[79]) läßt sehr darauf schließen, daß Schmidt über Kafka nur ungenau und vom Hörensagen informiert ist. Die verhaltenen kritischen Erwähnungen Kafkas in „Leopold Schefer“ („Was in meinen Kräften steht, zu verhindern, daß unsere Literatur gänzlich auf Kafka & Joyce einschrumpfe, möchte ich – so sehr ich auch den Letztgenannten schätze – doch leisten“[80]), „Sylvie & Bruno“ („Es wäre pueril, sich einzu-

---

75 Schmidt, *Die Schule der Atheisten*, a.a.O., S. 19.

76 Vgl. Gerhart Hauptmann, *Die großen Beichten* (Berlin: Propyläen 1966), S. 373: „Schließlich wurde von uns dreien ein Salamander gerieben“.

77 Vgl. Gätjens / Jürgensmeier, *Die Bibliothek Arno Schmidts*, a.a.O., Nr. 399.2.

78 Auskunft von Bernd Rauschenbach (Arno Schmidt Stiftung) auf der Grundlage der Schmidtschen Tagebücher.

79 Arno Schmidt, „Der Dichter und die Mathematik“, in Bargfelder Ausgabe III/3, a.a.O., S. 356-259, hier S. 358.

80 Arno Schmidt, „Leopold Schefer. (Einem deutschen Schriftsteller zum 100. Todestage am 16. Februar 1962)“, in Bargfelder Ausgabe III/4, a.a.O., S. 179-184, hier S. 180.

bilden, daß man – bisher ein Leben lang gewohnt, an den Altären STIFTERS, GOETHES, auch KAFKAS, zu frönen – sich nun rasch mal vor's englische Original des ‹Ulysses› hinsetzen, und sogleich mit hohem Genuß vom Blatt zu lesen beginnen könne: dem ist nicht so"[81]) und „Eine Schuld wird beglichen: Quinctius Heymeran von Flaming" („Und wenn ich Leute wie STIFTER oder KAFKA für mich ablehne, dann soll das immer rein temperament= & charaktermäßig bedingt sein: es darf sich deswegen durchaus um Große Männer handeln"[82]; „KAFKA DÄUBLER SARTRE QUENEAU: auch *das* ist überwichtig; zugegeben"[83]) deuten schon eher darauf hin, daß Schmidt zumindest ansatzweise weiß, wovon er spricht, und ab 1963 finden wir in Schmidts Werk dann auch deutliche Indizien für eine aus eigener Lektüre gewonnene Kenntnis des Romans *Amerika* (in *Sitara*[84] und „Caliban über Setebos"[85]), der Erzählung „Das

---

[81] Schmidt, „Sylvie & Bruno. Dem Vater der modernen Literatur ein Gruß!", ebd., S. 246-264, hier S. 258.

[82] Arno Schmidt, „Eine Schuld wird beglichen: Quinctius Heymeran von Flaming", in Bargfelder Ausgabe II/3, a.a.O., S. 201-229, hier S. 206.

[83] Ebd., S. 228.

[84] Vgl. Arno Schmidt, *Sitara und der Weg dorthin. Eine Studie über Wesen, Werk & Wirkung KARL MAY's*, Bargfelder Ausgabe, Bd. III/2 (Zürich: Haffmans 1993), S. 172: „daß sich ihm auf der eigenen Stirn 1 flüchtig Runzeln einstellt, da er der ‹Engel› gedenkt, und ihm KAFKA's ‹Amerika› erinnert be=zett=weh der Engel auf dem Tempel Moronis"; S. 254: „Und sogleich die Aus=Phalls= Forte ins allgemein=menschliche aufgestoßen: KAFKA, ‹Amerika›; S. 307; wo die Werbe=Apparatur zum ‹Naturtheater von Oklahoma› also beschrieben wird" mit nachfolgendem Textzitat.

[85] Vgl. Arno Schmidt, „Caliban über Setebos", in Bargfelder Ausgabe I/3, a.a.O., S. 475-538, hier 482 f.: „*so* weit war ich noch nich mit'n Nerven runter wie KAFKA, der sich vor jeder verschlossenen Tür einmachte, weil womöglich was dahinter sein könnte: [...] Allein

Schweigen der Sirenen“ (in „Das Buch Jedermann“[86]), der Tagebücher (in *Zettel's Traum*[87]) und schließlich des Romans *Das Schloß* (in *Julia*[88]). Vielleicht die aussagekräftigste Stellungnahme Schmidts zu Kafka findet sich in dem Frenssen-Funkessay „Ein unerledigter Fall“:

> Lassen Wir doch, damit wir den Maßstab für wirkliche Literatur wieder gewinnen, ganz kurz ein paar *echte*,

---

wiederallein; und zwar an einem Ecktisch (mit Rückendekkung, KAFKA zu Ehren; schweigen wir ganz von den Flanken)“.

86 Arno Schmidt, „Das Buch Jedermann. James Joyce zum 25. Todestage“, in Bargfelder Ausgabe II/3, a.a.O., S. 231-256, hier S. 233 f.: „KAFKA [...] Dessen ‹Schweigen der Sirenen› [...] Sie wären im Recht, wenn KAFKA dergleichen bewußt getrieben hätte. In Wirklichkeit wird's doch so gewesen sein, daß er halt ‹ein Dichter› war; das heißt, zur überwältigenden Mehrheit jener Autoren gehörte, die beim Schreiben nur ganz wenig denken; ja, mehr noch: die im *tiefsten* Grunde das *Denken hassen.* [...] Verlassen Sie sich nur frisch darauf. Zumal Ihr KAFKA ja dadurch weitgehend entlastet wird: drückt die exemplarische Fehlleistung doch unübertrefflich seine ebenso gepflegte wie basislose Abneigung gegen den neugierig=tapferen ‹Intellektuellen› aus.“ Quelle der Schmidtschen Textkenntnis ist der 1963 erschienene Band *Er. Prosa*, der in Schmidts Nachlaßbibliothek vorhanden ist; vgl. Gätjens / Jürgensmeier, *Die Bibliothek Arno Schmidts*, a.a.O., Nr. 399.3.

87 Schmidt, *Zettel's Traum*, a.a.O., S. 964 ro: „nun schwärmt zwar KAFKA, als Tourist & Paysagist vom ‘allgemeinen Eindruck der Bauern=Edelmänner, die sich in die Landwirtschaft gerettet haben, wo sie ihre Arbeit so weise & demütig eingerichtet habm, daß sie sich lückenlos ins Ganze fügt... bis zu ihrem selijn Sterben: Wirkliche ErdenBürger’ (: dàs war ein Depp, dieser...“. Die Quelle der Schmidtschen Textkenntnis zu diesem Zeitpunkt ist unklar, da Schmidt zur Zeit der Niederschrift von *Zettel's Traum* seine Kafka-Gesamtausgabe noch nicht angeschafft hat; möglicherweise zitiert er aus einer Sekundärquelle.

88 Schmidt, *Julia, oder die Gemälde*, a.a.O., S. 173 f.: „›Nee; KAFKA nich noch!‹ Abgesehen davon, daß ich ihn nich mag – (was nich hindern soll, daß er ein intressanter Schriftsteller sein kann) – glaub' ich die Theorie wie sein ›Schloß‹ ein ›Pilgrims Progress‹ sei, nur zu gern [...].“

> bedeutende Namen jener Jahrzehnte an Uns vorüber ziehen; von KELLER, NIETZSCHE, ARNO HOLZ angefangen, bis KAFKA, BRECHT, RILKE, JAHNN: um *nur* ein paar Deutsche zu nennen.[89]

Schmidt nennt in dieser Aufzählung durchweg Autoren, die er aus eigener Lektüre einigermaßen kennt, denen er einen gewissen Wert nicht abspricht – die er aber nicht sonderlich mag.

Diese Charakterisierung scheint auch auf **Franz Werfel** zuzutreffen, den Schmidt erstmals in „Goethe und Einer seiner Bewunderer" in der oben bereits zitierten Aufzählung der besten Autoren seit Goethes Tod und danach – vor allem im Werk der 60er und 70er Jahre – immer häufiger erwähnt oder anspielt, wobei die Erwähnungsdichte in *Zettel's Traum* und *Julia* am größten ist. In der Regel wird Werfel als ‚Dichterpriester' und schlechter Stilist deutlich abgekanzelt; mit Vorliebe bezieht Schmidt sich auf den Roman *Der Stern der Ungeborenen*[90], den Werfel in den Jahren 1943-45 schrieb, also deutlich nach seiner expressionistischen Frühphase; für Schmidt scheint Werfel in der Tat nicht im Kontext des Expressionismus von Belang gewesen zu sein. In Schmidts Nachlaßbibliothek stehen zahlreiche Bücher Werfels, angeschafft ab 1957[91]; für eine mögliche Werfel-Lektüre Schmidts in den 30er Jahren sind bislang keine Indizien ersichtlich.

Wie Werfel wird auch **Kasimir Edschmid** von Schmidt erstmals in der Bestautoren-Liste von „Goethe und Einer

---

89 Schmidt, „Ein unerledigter Fall", a.a.O., S. 131.

90 Vgl. Andreas Lorenczuk, „‚…dis erscheint 3= oder 4=mal im Werk..' Über Franz Werfels ‚Stern der Ungeborenen' in Arno Schmidts ‚Zettel's Traum' und anderswo", in *Bargfelder Bote*, Lfg. 219-221 / September 1997, S. 3-19.

91 Vgl. Gätjens / Jürgensmeier, *Die Bibliothek Arno Schmidts*, a.a.O., Nr. 1-13.

seiner Bewunderer" erwähnt, außerdem kurz darauf als von Lockemann nicht gebührend gewürdigter expressionistischer Prosaist in „Die aussterbende Erzählung". Zu diesem Zeitpunkt kannten Schmidt und Edschmid einander flüchtig (beide lebten sie in Darmstadt, und Edschmids Frau war die Schwägerin von Schmidts Freund Wilhelm Michels), und ab 1960 entwickelte sich aus dieser Bekanntschaft ein sporadischer Briefwechsel[92], in dem Schmidt zwar gelegentlich eine gewisse Wertschätzung für Edschmids expressionistische Anfänge andeutet, sich aber sonst vor Urteilen über das Werk des Kollegen drückt[93]. Der persönliche Kontakt bringt es mit sich, daß in den Jahren 1963-65 vier Eschmid-Bände (zumeist mit Widmungen des Autors) den Weg in Schmidts Bibliothek finden[94]; zum Dank beklagt Schmidt in der Rezension „Nachschlagewerk im Werden", daß im DDR-Schriftstellerlexikon kein Artikel zu Edschmid enthalten ist[95], und zitiert später zweimal Edschmids Charakterisierung Wolfgang Menzels als „Kaschuben"[96]. Von größerem

[92] Vgl. Schmidt, *Briefwechsel mit Kollegen*, a.a.O., S. 46-53 (Briefe Nr. 40–50).

[93] Schmidts Neigung, im Briefwechsel mit Edschmid um heiße Breie herumzureden, kommt in einem Brief Schmidts an Hans Wollschläger vom 22. Januar 1964 zum Ausdruck. Vgl. Drews, „Ausstellung zu Leben und Werk Arno Schmidts in der Universitätsbibliothek Bielefeld: Katalog und Dokumentation", a.a.O., S. 15: „Ich muß den Schreibestrom für heut unterbrechen; stehen mir doch noch 10 Briefe den Abend bevor, (darunter so kaptiose Fälle wie Edschmid oder Robert Neumann)."

[94] Vgl. Gätjens / Jürgensmeier, *Die Bibliothek Arno Schmidts*, a.a.O., Nr. 359.1-4.

[95] Vgl. Schmidt, „Nachschlagewerk im Werden", a.a.O., S. 269: „KASIMIR EDSCHMID ... fehlt?; oh, da hätt'ich doch lieber auf Typen wie die Historiografen des Kombinats ‹Schwarze Pumpe› verzichtet."

[96] Arno Schmidt, „Der Vogelhändler von Imst. Gespräch über Carl Spindler, sowie über die Historie im Roman", in Bargfelder Aus-

Belang ist, daß Schmidt in nachträglichen Textzusätzen zu *Zettel's Traum* sowohl aus Edschmids Aufsatzband *Die doppelköpfige Nymphe* von 1920[97] als auch aus der Novelle „Der Bezwinger" des Bandes *Timur* von 1916[98] zitiert; in beiden Fällen ist ungewiß, woher Schmidt die Zitate hat. In jedem Fall deutet auch bei Kasimir Edschmid bislang nichts darauf hin, daß Schmidt den Autor schon in frühen Jahren gelesen hätte.

Das ist bei **Alfred Döblin** durchaus anders. Unter den zwölf recht bunt zusammengewürfelten Döblin-Bänden in Schmidts Nachlaßbibliothek sind zwei, die auf frühe Lektüren Schmidts verweisen, nämlich ein 1923 gedrucktes Exemplar von *Die drei Sprünge des Wang-lun* mit Schmidts Vorsatzeintrag „(noch aus Lauban!;) ergo eine Rarität"[99] und die 1932 unter dem Titel *Giganten* erschienene gekürzte Fassung von *Berge, Meere und Giganten* mit dem Vorsatzeintrag „die gleiche Ausgabe, wie seinerzeit schon in Lauban=Görlitz, 1932 – im Zuge gelesen"[100]. Dies sind auch die beiden Bücher Döblins, die Schmidt in seinem eigenen Werk am häufigsten zitiert oder anspielt: *Wang-lun* in *Zettel's Traum* (Vergleich mit Moores *Lallah Rookh* mit dem Ergebnis: „der Eine macht's halt romantisch, der Andre expressionistisch, : DÖBLIN besser, MOORE dafür 100 Jahre früher; (wichtich sind Bei-

---

gabe II/3, a.a.O., S. 347-388, hier S. 379: „*das anmaßende Geschreibsel des ‹Kaschuben›, wie ich KASIMIR EDSCHMID ihn habe nennen hören*"; sowie Schmidt, *Julia, oder die Gemälde*, a.a.O., S. 75: „Das ist jener WOLFGANG MENZEL; den Kasimir EDSCHMID bei seinem HEINE=Vortrage erst als Schwaben bezeichnete; dann, sich berichtigend, als ›Kaschuben‹."

97 Vgl. Schmidt, *Zettel's Traum*, a.a.O., S. 1083 rm.

98 Vgl. ebd., S. 907 rm. Quellennachweis durch We. Sch. [Werner Schmitz] in *Bargfelder Bote*, Lfg. 46-48 / Juni 1980, S. 26.

99 Gätjens / Jürgensmeier, *Die Bibliothek Arno Schmidts*, a.a.O., Nr. 354.5.

100 Ebd., Nr. 354.7.

de)“[101]), *Die Schule der Atheisten* („dieser Apotheker, im ›WANG LUN‹“[102]) und *Abend mit Goldrand* (Döblins Roman als Vorläufer des Hippiekults, leicht kritisch kommentiert[103]), *Giganten* im *Faun* („Tausendsdenker“[104]) und in *Zettel's Traum* („‘Für Wen hast Du die Muschel gezeichnet, die kleine Muschel? Warum nicht auch die Knospen an der Brust?’; DÖBLIN; ‘Giganten, 296 f.“[105]; außerdem in eine Reihe mit „gröberen Schnurren à la JEAN PAUL ‘Katzenberger’“ gestellt[106]). Auf weitere früh von Schmidt gelesen Döblin-Bücher deutet ein Brief, in dem Döblin am 5. Februar 1952 auf ein vorher von Schmidt bekommenes Huldigungsschreiben (das sich leider nicht erhalten hat) antwortet:

> Sie schreiben mir da Dinge, die ich natürlich gern höre, von meinen früheren Büchern und von dem Eindruck, den sie auf Sie machten, die Bücherreihe beginnend mit dem „Schwarzen Vorhang“, die dann für Sie scheinbar endet mit „Berge Meere und Giganten“. Wahrscheinlich ist das Spätere Ihnen nicht in die Hände gefallen [...].[107]

Wenn wir hieraus schließen, daß Schmidt sich ausschließlich oder vorwiegend für Döblins frühe Werke bis 1924 interessiert habe, so deckt sich dies mit dem im Stifter-Funkessay zu findenden Hinweis auf den frühen Erzählungsband *Der Tod einer Butterblume*[108] und den in *Zettel's*

---

[101] Schmidt, *Zettel's Traum*, a.a.O., S. 130 mo.
[102] Schmidt, *Die Schule der Atheisten*, a.a.O., S. 187.
[103] Schmidt, *Abend mit Goldrand*, a.a.O., S. 84 f.
[104] Schmidt, *Aus dem Leben eines Fauns*, a.a.O., S. 301.
[105] Schmidt, *Zettel's Traum*, a.a.O., S. 591 mm.
[106] Ebd., 1088 mm.
[107] Schmidt, *Briefwechsel mit Kollegen*, a.a.O., S. 40 (Brief Nr. 35 v. 5.2.52 / Döblin an Schmidt).
[108] Vgl. Arno Schmidt, „Der sanfte Unmensch (Einhundert Jahre ‹Nachsommer›)“, in Bargfelder Ausgabe II/2, a.a.O., S. 61-85, hier

Traum zu findenden Bezugnahmen auf *Die beiden Freundinnen und ihr Giftmord*[109]; in seinem Spätwerk erwähnt Schmidt dann allerdings auch noch die *Amazonas*-Trilogie *Das Land ohne Tod / Der blaue Tiger / Der neue Urwald*[110] und *Berlin Alexanderplatz*[111]. Was Schmidt sonst noch von Döblin gelesen haben könnte, bleibt unklar; die häufigen weiteren Erwähnungen Döblins in Schmidts Werk bleiben unspezifisch. Regelmäßig wird der übergangene Döblin in die oben schon zitierten Nobelpreisschelten aufgenommen, und auch ansonsten belobigt Schmidt ihn gern pauschal: als jemanden, vor dem wir uns „von den Plätzen" erheben[112], als „größte[n] Prosabildner der Jahre zwischen den Kriegen"[113], als jemanden, der eher einen Sockel verdient hätte als Gerhart Hauptmann[114], als einen derjenigen, die „modern genuck"[115] sind, als „1 großes=&=zartes Wesen", das „in die Hände eines Muschg" ge-

S. 72: „Wenn Stifter doch redlich ‹das Kleine› abgebildet *hätte* – hat doch der große Alfred Döblin sehr wohl den ‹Tod einer Butterblume› beschrieben."

109 Vgl. Schmidt, *Zettel's Traum*, a.a.O., S. 418 rm, 504 ru.

110 Vgl. Schmidt, „Der Vogelhändler von Imst", a.a.O., S. 369.

111 Vgl. Schmidt, *Abend mit Goldrand*, a.a.O., S. 48.

112 Schmidt, „Seelandschaft mit Pocahontas", a.a.O., S. 432.

113 Arno Schmidt, „Der Dank des Vaterlandes", in Bargfelder Ausgabe III/3, a.a.O., S. 210-213, hier S. 212.

114 Arno Schmidt, *Die Gelehrtenrepublik. Kurzroman aus den Roßbreiten*, in Bargfelder Ausgabe I/2, a.a.O., S. 221-349, hier S. 292: „»Wie hier dieser – wieheißter?: ‹Gerhart Hauptmann›?«: »Ganz recht.« / Und was ne Finesse: der konnte sich räkeln, während Alfred Döblin, daneben, zu Fuß gehen mußte: »Das hätten Sie umgekehrt machen sollen!«"

115 Arno Schmidt, *Kaff auch mare Crisium*, in Bargfelder Ausgabe I/3, a.a.O., S. 7-277, hier S. 207: „wenn ich James Joyce's ODYSSEUS, oder Däublers NORDLICHT, jedes Wortall in seinem Urtext, lese: dann bin ich modern genuck. Oder Döblin noch: Was ich heute nich verschteh, verschteh ich morgn; mein war die Hartnäckichkeit, die des Schwachen Schtärke macht."

fallen sei[116], und als einen aus der „Kollektion klangvoller Namen“ im Berlin der 20er Jahre[117]. Daß diese pauschalen Belobigungen mit der Zeit immer lahmer werden, ist wohl kein Zufall; tatsächlich scheint Schmidts Begeisterung für Döblin tendenziell abgenommen zu haben[118], und so ist die offenherzigste Lobeshymne Schmidts auf Döblin womöglich gleich die allererste, zu finden in „Schwarze Spiegel“: „Ich hab immer begeistert Wieland gelesen: Poe, Hoffmann, Cervantes, Lessing, Tieck, Cooper, Jean Paul – das hab ich mir manchmal vorgestellt: ob die mit meinen Sachen zufrieden wären, oder Alfred Döblin und Johannes Schmidt.“[119] Das auf den ersten Blick Seltsame ist, daß Döblin hier nicht in die Reihe der großen Schriftsteller aufgenommen, sondern neben Schmidts väterlichen Freund aus Vorkriegszeiten Johannes Schmidt gestellt, mithin eher der privaten als der literarischen Welt Schmidts zugerechnet wird. Dies könnte damit zusammenhängen, daß Schmidt, als er die Passage schreibt, schon persönlich mit Döblin in Kontakt geraten ist; diese persönliche Bekanntschaft ist Anlaß oder Thema Schmidtscher Döblin-Bezugsstellen in *Das steinerne Herz*[120], „Ein unerledigter Fall“[121], *Zettel's Traum*[122] und der „Dank-

---

[116] Schmidt, *Zettel's Traum*, a.a.O., S. 21 lo.

[117] Schmidt, *Abend mit Goldrand*, a.a.O., S. 153.

[118] Vgl. Rudi Schweikert, „Nah-entfernte Nachbarschaft. Über Arno Schmidt und Thomas Mann (und am Rande Alfred Döblin)“, in *Text + Kritik*, Heft 20/20a: *Arno Schmidt* (München: edition text + kritik [4]1986), S. 164-179, hier S. 165: „Arno Schmidt distanzierte sich, vorsichtig-stillschweigend, aber entschieden, von Alfred Döblin“.

[119] Arno Schmidt, „Schwarze Spiegel“, in Bargfelder Ausgabe I/1, a.a.O., S. 199-260, hier S. 258.

[120] Vgl. Schmidt, *Das steinerne Herz*, a.a.O., S. 60: „ich hab schon Alles mögliche erlebt: im Granatwerferfeuer gelegen; mich vor Alfred Döblin gebückt; mit ner Nonne Tischtennis gespielt“

[121] Schmidt, „Ein unerledigter Fall“, a.a.O., S. 103: „Ich erinnere mich, daß ALFRED DÖBLIN uns einmal, auf die bescheidne verehrungs-

adresse zum GoethePreis 1973“[123]. Es gibt noch eine Reihe weiterer Bezugsstellen, die insofern eher biographischer als literarischer Natur sind, als sie Döblinsche Lebensumstände – vor allem den Undank des ‚Vaterlandes‘ ihm gegenüber – benennen.[124] Schmidts größte literarische Verbeugung vor Döblin und seinem Werk hingegen

---

süchtige Frage hin: Wo er denn seine Werke schriebe?, aus einem mächtigen – übrigens auch, allerdings mit Hunderten von Kakteen bestellten – Möbel, ein Brettchen von 30 mal 45 Zentimetern herauszog: ‹Hier›.“

[122] Schmidt, *Zettel's Traum*, a.a.O., S. 418 rm: Döblin als „der kleine= Mann & große=Dichter“, den Schmidt/Pagenstecher „noch persönlich gekannt“ hat.

[123] Arno Schmidt, „Dankadresse zum GoethePreis 1973“, in Bargfelder Ausgabe III/4, a.a.O., S. 462-466, hier S. 464: „ALFRED DÖBLIN hat sich, als wir uns das erste Mal sahen, mein bißchen ‹Werdegang› schildern lassen; ich machte das so kurz wie möglich ab; worauf er besorgt sagte: ‹Sie werden viel arbeiten müssen.› Das habe ich getan.“

[124] Vgl. Arno Schmidt, „Immunität für ‹Jedermann›“, in Bargfelder Ausgabe III/3, a.a.O., S. 435-437, hier S. 437: „Das Land, aus dem periodisch – sei es 1848, sei es 1933, sei es 1958, – die Besten der Nation emigrieren: wie steht es mit Nobelpreisträgern à la Thomas Mann? Hermann Hesse wohnt in Bonn?: ei, ei, ei! / Alfred Döblin? Albert Einstein? / Die ‹Göttinger 7›?“ Arno Schmidt, „Deutsches Elend“, ebd., S. 438-440, hier S. 438: „»Die können nur noch Adenauer wählen!« schrieb er grimmig als Signalement der Bundesrepublikaner; jetzt schläft er in den Vogesen, neben seinem Sohn, *der gegen Deutschland fechtend fiel; er*, unser bester Mann zwischen 20 und 30: Alfred Döblin!“ Schmidt, „‹Funfzehn›“, a.a.O., S. 306: „Es wurde um 1800 wirklich allmählich Zeit, daß man diese berufene ‹Sinnlosigkeit› – die Werfel oder Döblin oder Mann durch die Länder gehetzt werden läßt – als eines der typischen Kennzeichen des Lebens begreifen lernte“. Schmidt, „Ein unerledigter Fall“, a.a.O., S. 122: „wie FRENSSEN, zumindest ab 1933, wacker mitgehetzt hat, gegen die MANN's, gegen DÖBLIN, WERFEL, FREUD: er hat doch dann, als die kulturellen Repressalien & Schweinereien des Dritten Reiches auf Hochtouren liefen, *kein Wort* der Verteidigung gefunden!“

ist – schon im *Faun* – eine expressionistische Stilübung: „*Aus Rubinglas* pulste eine Feueraktinie in döblinener Waldung, schwankte huldvoll mit hundert Armtrossen“[125].

In seinem Jahnn-Funkfragment nennt Schmidt, wie bereits erwähnt, Döblin den ‚Dekadenmann‘ für die 20er Jahre; für die 30er Jahre benennt er gleich zwei Autoren, nämlich Bert Brecht und **Robert Musil**, den Schmidt, wie oben ebenfalls zitiert, nicht nur in „Goethe“ zu den besten neueren Autoren zählt, sondern in seiner Lockemann-Rezension auch zu den expressionistischen Erzählern. Diese Einsortierung ist gewiß richtig, soweit Musils frühe Erzählungen gemeint sind; Schmidt kann davon durchaus aus eigener Lektüre einen Eindruck gehabt haben, denn unter den Büchern, die er gratis vom Rowohlt-Verlag bekam, war 1952 auch der Musil-Band *Drei Frauen*, und im Unterschied zu den allermeisten Rowohlt-Gratisgaben behielt Schmidt diesen Band.[126] Die wenigen weiteren Reflexe auf Musil, die sich in Schmidts Werk finden, beziehen sich allerdings sämtlich auf den keineswegs mehr dem Expressionismus zuzuschlagenden Roman *Der Mann ohne Eigenschaften*, der sich in einer Ausgabe von 1970 in Schmidts Nachlaßbibliothek findet[127] (möglicherweise hat Schmidt 1952 schon eine frühere Ausgabe von Rowohlt bekommen, diese aber verkauft[128]). 1958 weiß Schmidt immerhin soviel vom *Mann ohne Eigenschaften*,

---

[125] Schmidt, *Aus dem Leben eines Fauns*, a.a.O., S. 364.

[126] Vgl. Rathjen, „Grimme Plage“, a.a.O., S. 232 f. bzw. S. 87; sowie Gätjens / Jürgensmeier, *Die Bibliothek Arno Schmidts*, a.a.O., Nr. 426.1.

[127] Vgl. ebd., Nr. 426.2.

[128] Vgl. Rathjen, „Grimme Plage“, a.a.O., S. 227 f. bzw. S. 83 f. Nach Auskunft von Josef Huerkamp sind auf den Rückseiten etlicher der Karteizettel, die Schmidt für die Arbeit an *Das steinerne Herz* verwendete, Schnipsel eines Reklamebogens für die Rowohlt-Ausgabe von Musils Roman zu finden.

daß er in der kurzen Erzählung „N.“ den Namen des Herausgebers zum Gegenstand eines Kalauers machen kann („Frisé: ein ‹Musilmann› (Var.: Musilmänner? Musilmanen?)”[129]); in der Scheerbart-Rezension „Seifenblasen und Nordisches Gemähre“ rechnet Schmidt Musil zu jenen Personen, die zu allbekannt sind, um ihnen im Register die Lebensdaten beigeben zu müssen[130]. Textkenntnis ist aber bei Schmidt allenfalls ansatzweise erkennbar; im Jahnn-Fragment, in dem er Musil zum ‚Dekadenmann‘ adelt, macht er gleichzeitig gegen den *Mann ohne Eigenschaften* den „Einwand“ geltend, „daß man die meisten Kapitel einfach umstellen könnte, ohne irgendeine Veränderung am Buche selbst zu bemerken – “[131]; diesen Vorwurf wiederholt er später im Bulwer-Funkessay „... denn ›wallflower‹ heißt ›Goldlack‹“[132]. In *Zettel's Traum* kommt Musil gar nicht vor, wenn sich auch in einem der dafür erstellten Zettelkästen ein Zettel mit dem Text findet: „Musil's ‚M. o. Ei‘? : handelt auch bloß vom Fick'n!“[133]

Kommen wir zu einem weiteren ‚Dekadenmann‘, nämlich **Theodor Däubler**, der für Schmidt der Autor des ersten Jahrzehnts im 20. Jahrhundert ist, also des Jahrzehnts vor dem expressionistischen. In Schmidts Bibliothek stehen zehn Bände von und über Däubler, sie sind – soweit

---

129 Arno Schmidt, „N. (Eine Geschichte in Briefen an das österreichische Bundesamt für Verfassungsschutz)“, in Bargfelder Ausgabe I/4, a.a.O., S. 123-128, hier S. 124.

130 Vgl. Arno Schmidt, „Seifenblasen und Nordisches Gemähre. (Eindrücke von einer neuen SCHEERBART=Ausgabe)“, in Bargfelder Ausgabe III/4, a.a.O., S. 241-245, hier S. 244.

131 Schmidt, „Die Tugenden der Kaulquappe“, a.a.O., S. 239.

132 Arno Schmidt, „... denn ›wallflower‹ heißt ›Goldlack‹“, in Bargfelder Ausgabe II/3, a.a.O., S. 317-346, hier S. 339.

133 Bernd Rauschenbach, „Re: In Biero Veritas“, Email an die „Arno-Schmidt-Mailingliste“, 19. Juli 2004.

der Erwerb datierbar ist – überwiegend in den frühen 60er Jahren angeschafft worden, doch ist Schmidts Vertrautheit zumindest mit Däublers Hauptwerk, dem *Nordlicht*, schon sehr viel älter. Im Vorsatz der Genfer Ausgabe, die Schmidt 1958 von Ernst Krawehl geschenkt bekam, notierte er: „die gleiche Ausgabe, die in Schlesien verloren ging“[134]; als er 1976 in den Besitz der Florentiner Ausgabe gelangte, notierte er darin: „ungemein belehrend der Textvergleich mit der 2. Ausgabe, die ich – seit 1930 – wohl an die fünf Mal gelesen habe“[135]; wir dürfen bei Schmidt also seit der Jugend eine weitgehende Vertrautheit mit dem Versepos voraussetzen[136]. Erste erkennbare Frucht dieser Vertrautheit ist (nach der Aufnahme Däublers in die erste von Schmidts Nobelpreisklagen im *Faun*) ein Hinweis in dem kurzen Text „Vorsicht: Gesamtausgabe!“ von 1955: „Vergleichen Sie die erste Ausgabe von Theodor Däublers »Nordlicht« mit der zweiten.“[137] Schmidts Bezugnahmen auf Däubler und das *Nordlicht* in den späten 50er und frühen 60er Jahren sind zu zahlreich, als daß ich sie hier im einzelnen zitieren möchte; und sie sind immer vom Gestus der Hochschätzung gekennzeichnet – das ändert sich freilich in der zweiten Hälfte der 60er Jahre erheblich, und zwar im Zeichen jener veränderten Literaturkonzeption, die Schmidt unter dem Einfluß von Joyce und Freud entwickelt. In „Das Buch Jedermann“ benennt Schmidt zwar als Autoren, die in der Lyrik besser gewesen seien als Joyce, „in England mein't-

---

134 Gätjens / Jürgensmeier, *Die Bibliothek Arno Schmidts*, a.a.O., Nr. 350.8.

135 Ebd., S. 350.7.

136 Vgl. auch die Lauban-Reminiszenz in Schmidt, *Abend mit Goldrand*, a.a.O., S. 152: „Auch hatt' ich grade THEODOR DÄUBLER kenn'n gelernt, (der für mich damals *DER* Lyriker war)“.

137 Arno Schmidt, „Vorsicht: Gesamtausgabe!“, in Bargfelder Ausgabe III/3, a.a.O., S. 188 f., hier S. 189.

halben HOPKINS, bei uns RILKE, DÄUBLER", setzt aber gleich hinzu, daß er sie „Alle=Drei nicht übermäßig schätze"[138]; in *Zettel's Traum* dann gehört Däubler zwar nach Joyce und neben Proust zu den meisterwähnten Autoren des 20. Jahrhunderts überhaupt, wird aber als Liebling Wilmas und typischer ‚Dichterpriester' eingeführt und infolgedessen durchgängig harsch kritisiert[139], und die Bezugnahmen nach *Zettel's Traum* sind nur mit Maßen freundlicher. Däubler erleidet in Schmidts Wertschätzung ein ähnliches Schicksal wie Poe, er ist ein alter Liebling, der einem späten Vatermord anheimfällt. Allerdings kann das nicht verhindern, daß Schmidt sich in seinen letzten zwei Jahrzehnten wieder stärker mit Däubler beschäftigt und neben dem *Nordlicht* nun auch noch einige andere Texte rezipiert, die er womöglich zuvor nicht kannte. 1961 erwirbt Schmidt die einige Jahre zuvor erschienene Werkauswahl *Dichtungen und Schriften*[140], die er in *Sitara* dann mit einem halben Lob versieht[141] und aus der er in *Zettel's Traum* das Gedicht „Die Efeuranke"[142] und das Prosastück „Die Schraube"[143] zitiert; im August

---

[138] Schmidt, „Das Buch Jedermann", a.a.O., S. 234.

[139] Vgl. Rathjen, „Zettel's Charts", a.a.O., S. 264 f. bzw. S. 153.

[140] Vgl. Gätjens / Jürgensmeier, *Die Bibliothek Arno Schmidts*, a.a.O., Nr. 350.1.

[141] Vgl. Schmidt, *Sitara und der Weg dorthin*, S. 165: „THEODOR DÄUBLER, der in dem schön=umfangreichen Kösel'schen Auswahlband (WEHE!: man hätte, bei sorgfältiger Ausnützung der köstlichen Papierfläche, ihn noch *viel schöner* & umfangreicher gestalten können!), S. 17 ff., ‹WIR WOLLEN NICHT VERWEILEN!›, sagt" mit nachfolgendem Zitat.

[142] Vgl. Schmidt, *Zettel's Traum*, a.a.O., S. 224 mm. Quellennachweis von H. H. [Heinz Hofmann] in *Bargfelder Bote*, Lfg. 58-60 / März 1982, S. 38.

[143] Vgl. Schmidt, *Zettel's Traum*, a.a.O., S. 1260 lu. Quellennachweis von We. Sch. [Werner Schmitz] in *Bargfelder Bote*, Lfg. 46-48 / Juni 1980, S. 36.

1964 erwirbt er den unter Däublers Namen veröffentlichten (in Wahrheit freilich von Eckart Peterich stammenden) Roman *L'Africana*[144], den er dann in „Seifenblasen und Nordisches Gemähre“[145] und *Zettel's Traum*[146] erwähnt; und ebenfalls 1964 kommt Schmidt in den Besitz von *Der Schatz der Insel*[147], das er in *Abend mit Goldrand* mit *L'Africana* in einen Topf wirft und zum Anlaß für die Bemerkung nimmt: „also DÄUBLER's Prosa war ja wunderlich armselig: nichts reell Poetisches dabei!“[148]

Im Expressionismus-Band von Soergels *Dichtung und Dichter der Zeit*, von dem noch zu reden sein wird, ist Däubler einer der drei Autoren, die im Kapitel „Einzelgänger“ abgehandelt werden, die beiden anderen sind Albert Ehrenstein (den ich mir fürs Ende aufgehoben habe) und **Else Lasker-Schüler**, auf die sich Schmidt in seinem Werk offenbar nur ein einziges Mal bezieht – in *Zettel's Traum*: „das muß frau Sich ma=vorstelln Wilma : daß ‚Dein=Mann‘ zum ‚Prinzn von Theben‘ gemacht würde“[149]. Daß Else Lasker-Schüler sich zum „Prinzen von Theben“ stilisiert und zudem ein Prosabuch dieses Titels veröffentlicht hat, kann man freilich auch wissen, ohne je eine Zeile von ihr gelesen zu haben, deswegen läßt sich über Schmidts mögliche Textkenntnisse nichts sagen.

Ebenso ungewiß sieht es im Falle von **Gottfried Benn** um die Schmidtsche Textkenntnis aus. In der Nachlaß-

---

[144] Vgl. Gätjens / Jürgensmeier, *Die Bibliothek Arno Schmidts*, a.a.O., Nr. 350.2.

[145] Vgl. Schmidt, „Seifenblasen und Nordisches Gemähre“, a.a.O., hier S. 242.

[146] Vgl. Schmidt, *Zettel's Traum*, a.a.O., S. 227 mu.

[147] Vgl. Gätjens / Jürgensmeier, *Die Bibliothek Arno Schmidts*, a.a.O., Nr. 350.9.

[148] Schmidt, *Abend mit Goldrand*, a.a.O., S. 90.

[149] Schmidt, *Zettel's Traum*, a.a.O., S. 681.

bibliothek steht als einziger Benn-Band eine Gedichtauswahl von 1973[150]; vor der Anschaffung ist bei Schmidt die Kenntnis Bennscher Gedichte (oder auch Prosatexte) nicht belegbar – mit einer Ausnahme. 1959 bringt Schmidt seine kritischen „Anmerkungen zu Extrakten aus BENN'S PALLAS und KUNST UND MACHT" unter dem Titel „Muß das künstlerische Material kalt gehalten werden?" zu Papier, und zwar als Antwort auf eine Umfrage von Radio Bremen; sehr wahrscheinlich hat Schmidt vom Sender dafür die Bennschen ‚Extrakte' erhalten, denn sonst hätte er sich ja nicht dazu äußern können. Als einzigen nicht aus diesen ‚Extrakten' stammenden Benn-Text zitiert Schmidt gleich zum Einstieg seines Kommentars die Zeilen „Vom Wind Geformtes / und nach unten schwer"[151] aus Benns Gedicht „Gesänge". Diese beiden Gedichtzeilen konnte Schmidt praktischerweise aus Benses *Plakatwelt* abschreiben[152]; Benns „Gesänge" war zudem in der Anthologie *Menschheitsdämmerung* (die Schmidt allerdings damals noch nicht besaß) relativ leicht erreichbar – nicht so freilich das Gedicht „Innerlich", auf das Schmidt möglicherweise in *Zettel's Traum* anspielt („BENN hat ma gestandn, daß er bei 'KlatschMohn' grundsätzlich an Menstruation denkn müsse!"[153]). So

---

[150] Vgl. Gätjens / Jürgensmeier, *Die Bibliothek Arno Schmidts*, a.a.O., Nr. 341.

[151] Arno Schmidt, „Muß das künstlerische Material kalt gehalten werden? (Anmerkungen zu Extrakten aus BENN'S PALLAS und KUNST UND MACHT.)", in Bargfelder Ausgabe III/3, a.a.O., S. 491-494, hier S. 491.

[152] Vgl. Max Bense, „Plakatwelt", in ders., *Plakatwelt. Vier Essays* (Stuttgart: Deutsche Verlags-Anstalt 1952), S. 9-22, hier S. 9. Dies ist der Anfang eben jenes Essays, in dem Bense Schmidts Erstlingsband *Leviathan* ausführlich als Gegenwartsprosa von „größter ästhetischer und provokatorischer Kraft" (ebd., S. 17) würdigt.

[153] Schmidt, *Zettel's Traum*, a.a.O., S. 361. Vielleicht hat Schmidt aber auch etwas anderes im Sinn; das Auftauchen des Klatschmohns in

ungewiß ist, was Schmidt wann von Benn kannte, so gewiß ist, was er von ihm hielt: nicht sonderlich viel. Sein Haupteinwand gegen Benn lautet, daß er habituell und ohne Not „modern=ausgefallene Adjective" benutze, wobei Schmidt als Beispiel die Formulierung „der 'lernäisch Geleimte'" nennt[154]. „Ich bin doch keen Intellektueller mehr, alla BENN, der von 2 Reimworten prinzipiell das rarere wählte"[155], bekundet in „Caliban über Setebos" Kitschlyriker Düsterhenn, der sich aber an diesem Prinzip zuvor doch schon vergangen hat, als er „die kurzndikkn, lernäisch=schlappen Erdwürste der Wühlmäuse"[156] beschrieb. In der korrekten Form „der ‹lernäische Leim›"[157] taucht der Begriff auf ebenfalls abfällige Weise schon in „Muß das künstlerische Material kalt gehalten werden?" auf; wer nach der Quelle der Formulierung sucht, wird allerdings keineswegs bei Benn fündig, sondern in Peter Rühmkorfs parodistischem „Lied der Benn-Epigonen"[158], das Schmidt aus Rühmkorfs Gedichtband *Irdisches Vergnügen in g* oder eventuell schon vom Erstdruck in *konkret* vom Januar 1958 kannte. In den 50er Jahren war Benn – wie nicht nur Rühmkorfs Parodie zeigt – so ge-

---

diesem Gedicht („alles faul und alles flüchtig, / Jurtenjahr und Raidenmond, / ... Klatschmohn, Coquelicot") rechtfertig die in Schmidts Text zu findende Aussage ja noch keineswegs.

154 Schmidt, *Zettel's Traum*, a.a.O., S. 1072 mu. Vgl. auch Schmidt, „Ein unerledigter Fall", a.a.O., S. 131: „wohlgemerkt: das *gesucht* herbeigezwungene Fremdwort à la BENN ist mir genau so unangenehm wie dessen mühsame Vermeidung!"

155 Schmidt, „Caliban über Setebos", a.a.O., S. 487.

156 Ebd., S. 482.

157 Schmidt, „Muß das künstlerische Material kalt gehalten werden?", a.a.O., S. 491.

158 Quellennachweis bei Wilhelm Berentelg, „,Der Löwe brüllt wenn er nicht schweigt'. Zum Problem der Sprache bei Arno Schmidt", in *Bargfelder Bote*, Lfg. 234-236 / November 1998, S. 3-47, hier S. 38.

genwärtig, daß Schmidt naturgemäß gar nicht umhin kam, ihn zumindest flüchtig zur Kenntnis zu nehmen; dafür, daß er schon vor 1945 etwas von ihm gekannt hätte, gibt es aber bislang keinerlei Indiz.

Die Art und Weise, wie Schmidt an Benn Kritik übt, setzt zumindest noch ein Mindestmaß an Achtung für Teile seines Werks voraus; ganz anders ist das bei **Franz Richard Behrens**, auf den Schmidt nur ein einziges Mal zu sprechen kommt, nämlich 1957 in „Die Meisterdiebe". Schmidts Sprecher A präsentiert entrüstet den „Fall [...] eines berühmten Expressionisten, den ich erst neulich wieder in Soergels berühmter Zusammenstellung ertappte": Behrens habe Goethes „Flügelflatterschlagen" in bodenloser Plagiatorenfrechheit

> einfach auseinander genommen [...] und so geht es weiter; Zeile für Zeile hat der ‹Gannef› einfach jedes fünfte oder sechste Goethewort nebeneinandergestellt! *Das* ist nun – meines geringen Erachtens – allerdings der *Gipfel* an Plagiatorenunverfrorenheit: wenn Einer, derart nackt und täppisch, sogar *Goethe in seinem bekanntesten Werke* bestiehlt. Und so edel=unverschämt, daß selbst der das Stück ausführlich kommentierende Soergel die Provenienz des Produktes *nicht* erwittert hat: *Wörtlich geklaut und doch bisher straflos durchgerutscht!*: Sie sehen, was es alles in der Literatur gibt![159]

[159] Arno Schmidt, „Die Meisterdiebe. Von Sinn und Wert des Plagiats", in Bargfelder Ausgabe II/1, a.a.O., S. 333-357, hier S. 356 f. Vgl. dazu Rudi Schweikert, „Wenn zweie Gleiches erzählen, ist es noch lange nicht dasselbe: Witz und Anekdote bei Hans Reimann und Arno Schmidt, insbesondere in dessen Juvenilium ‚Die Fremden' (1942)", in *Bargfelder Bote*, Lfg. 148 / August 1990, S. 3-9, hier S. 6-8; sowie Josef Huerkamp, „‚Trommelwirbel, Pfeifenklang'. Friedrich Schiller als ‚Kollege' und Kontrahent Arno

Nun erledigt sich der Vorwurf, Behrens habe ein billiges Goethe-Plagiat geliefert, allerdings in dem Moment, in dem man weiß, daß der Titel von Behrens' Gedicht „Goethe" lautet; es ist offensichtlich, daß Schmidt das nicht bekannt war, sonst hätte er sich nicht dermaßen zu echauffieren brauchen. Und warum war es ihm nicht bekannt? Weil in der Quelle, die er benutzte, zwar der komplette Text zitiert wird, allerdings eben ohne den Titel. Welches diese Quelle ist, gibt Schmidt praktischerweise gleich selbst an: es ist der Soergel, genauer: der Band *Im Banne des Expressionismus* von *Dichtung und Dichter der Zeit*[160]. Das Buch befindet sich in Schmidts Nachlaßbibliothek; allerdings besaß Schmidt es nicht, als er „Die Meisterdiebe" schrieb, sondern hat es vermutlich in einer Bibliothek benutzt; das in der Nachlaßbibliothek vorhandene Exemplare weist folgenden Vorsatzeintrag auf: „Arno Schmidt 23.1.1960 (die gleiche Ausgabe, die ich seit 1931, Biblio d Oberrealschule zu Görlitz kenne. Sch.)"[161]. Dieses Buch, das – soviel sei schon einmal verraten – Schmidts wichtigste Quelle für die Kenntnis expressionistischer Lyrik war, wurde von ihm sowohl zur Schulzeit als auch in seiner Bargfelder Zeit offenbar eifrig benutzt. Im Falle Behrens wäre er wohl besser beraten gewesen, statt dessen (oder zusätzlich) die von Gottfried Benn 1955 bei Limes herausgegebene Anthologie *Lyrik des expressionistischen Jahrzehnts* zu konsultieren, in der

---

Schmidts", in *Bargfelder Bote*, Lfg. 285-287 / Februar 2006, S. 3-44, hier S. 30 f.

[160] Vgl. Soergel, *Im Banne des Expressionismus*, a.a.O., S. 617: Abdruck des Behrens-Gedichts ohne Titel. Der Titel „Goethe" wird allerdings ebd., S. 621, nachgereicht, Schmidt hätte also nur etwas weiterlesen müssen, dann hätte er auch festgestellt, daß es hier für Soergel gar nichts zu ‚erwittern' gab.

[161] Gätjens / Jürgensmeier, *Die Bibliothek Arno Schmidts*, a.a.O., Nr. 446.2.

nämlich „Goethe“ ebenfalls abgedruckt ist, und zwar natürlich *mit* dem Titel. Schmidts fehleinschätzende Überreaktion auf das Gedicht von Behrens ist mithin ein recht gutes Indiz dafür, daß Schmidt die Benn-Anthologie – anders als bei verschiedener Gelegenheit von Jörg Drews vermutet – gerade *nicht* rezipiert hat. Nochmals benutzt hat er immerhin eine Zeile aus dem „Goethe“-Gedicht von Behrens, nämlich in *Sitara*[162] – ohne Quellenangabe.

Ähnlich wie auf Behrens kommt Schmidt auch auf **Georg Trakl** recht selten zu sprechen, und ähnlich wie bei Behrens kommt Schmidt bei Trakl dort, wo er konkret wird, zu einem (wenn auch nicht so drastisch) abfälligen Urteil. In *Kaff auch Mare Crisium* hält Hertha „am Weeg-rannt an; mit Trän’n in den – (wie sagt Trakl in jedem zweitn Gedicht?) – ‹runden Augen›“[163]; in *Zettel's Traum* wird diese Stilkritik wiederholt: „Warum, NB, schiltsDu Mein Auge ‘rund’?; hasDe zuviel TRAKL gelesn?“[164] Anders als bei Behrens erlaubt sich Schmidt bei Trakl allerdings auch positive Erwähnungen, denn in *Das steinerne Herz*, „Stigma der Mittelmäßigkeit“ und „Klopstock oder verkenne Dich selbst“ wird Trakl immerhin in die Listen der zu Unrecht übergangenen Nobelpreiswürdigen aufgenommen; und anders als bei Behrens gibt Schmidt im Falle Trakl zumindest einmal zu erkennen, daß er über biographisches Wissen verfügt – in „Die große Hebammenkunst“ verrät er: „Trakl, von Beruf Apotheker, dem die Nervengifte, auch die gesetzlich kontrollierten, unschwer zugänglich waren, erkannte diese

---

[162] Vgl. Schmidt, *Sitara und der Weg dorthin*, S. 53 und 256: „‹Säusel schweben wurzelauf›“. Nachweis zuerst bei Berentelg, „„Der Löwe brüllt wenn er nicht schweigt““, a.a.O., S. 45.

[163] Schmidt, *Kaff auch Mare Crisium*, a.a.O., S. 166.

[164] Schmidt, *Zettel's Traum*, a.a.O., S. 1094 mu. Eine weitere (wertfreie) Trakl-Erwähnung findet sich ebd., S. 421 mm: „LUDWICH VON FICKER: dieser eggs=preß'jonistische Verlag; (TRAKL!)“.

als die für ihn geeignetste Peitsche in die Unsterblichkeit.“[165] Dieses Wissen läßt sich natürlich rasch aus Sekundärquellen aneignen, aber in *Julia* bringt Schmidt dann auch noch ein Zitat aus Trakls Gedicht „Das Herz“ an[166], das weder im Soergel noch in der *Menschheitsdämmerung* und auch nicht in Benns *Lyrik des expressionistischen Jahrzehnts* steht. Die Suche nach der Zitatquelle in Schmidts Nachlaßbibliothek endet mit einer Überraschung. Schmidt besaß nämlich nicht nur eine 1975 gedruckte Trakl-Auswahl aus der DDR (herausgegeben von Franz Fühmann)[167], sondern auch eine Nachauflage der Gesamtausgabe *Die Dichtungen*, in der sich der Vorsatzeintrag „Arno Schmidt 1939“[168] findet. Daß Schmidt in Schlesien eine Trakl-Ausgabe besessen hat, ist noch nicht unbedingt erstaunlich – erstaunlich ist aber, daß er sie sich noch so spät gekauft hat. Im Mai 1940 schrieb Arno Schmidt immerhin seinen Freund Heinz Jerofsky, er sei „seit einigen

---

[165] Arno Schmidt, „Die große Hebammenkunst“, in Bargfelder Ausgabe III/3, a.a.O., S. 323 f., hier S. 224.

[166] Vgl. Schmidt, *Julia, oder die Gemälde*, a.a.O., S. 29: „der Ulmen nasses Goldlaub (TRAKL)“.

[167] Vgl. Gätjens / Jürgensmeier, *Die Bibliothek Arno Schmidts*, a.a.O., Nr. 459.2.

[168] Ebd., Nr. 459.1. – Günter Jürgensmeier hat den Verdacht geäußert, drei Stellen in frühen Schmidt-Texten könnten auf Gedichte dieses Bandes zurückgehen; vgl. Arno Schmidt, „Der Garten des Herrn von Rosenroth“, in Bargfelder Ausgabe I/4, a.a.O., S. 439-496, hier S. 486: „Es gibt so viele Welten und Wesen, schön und düster“ (nach Trakls Gedicht „Drei Blicke in einen Opal“); Arno Schmidt, „Die Fremden“, ebd., S. 497-575, hier S. 562: „und preßte sein Gesicht in die silbernen Hände“ (nach Trakls Gedicht „Verklärung“); Arno Schmidt, „Enthymesis oder W.I.E.H.“, in Bargfelder Ausgabe I/1, a.a.O., S. 7-31, hier S. 13: „Und ich will mich den Teichen nahen, unter dem runden Himmel. Kein Fisch schnalzt mich an“ (nach Trakls Gedicht „Der Wanderer“). Vgl. Günter Jürgensmeier, „AW: Trakl & Schmidt“, Email an die „Arno-Schmidt-Mailingliste“, 17. Juni 2011.

Jahren so weit, dass die deutsche Literatur für mich mit Stifter und Storm aufhört –"[169], und das (zugegebenermaßen wenige), was wir bisher über Schmidts Bücherkäufe und Lesevorlieben in den späten 30er Jahren wissen, läßt am Ernst dieser Aussage gerade nicht zweifeln.

Daß Schmidt aber selbst in den Kriegsjahren sein früheres Interesse an den Expressionisten noch nicht ganz aufgegeben hatte, zeigt sich an der Präsenz von **Georg Heym** in den Juvenilia. In den *Dichtergesprächen im Elysium* zitiert Schmidt – ohne Nennung des Autors – die ersten beiden Strophen aus Heyms Gedicht „Alle Landschaften..."[170]; das Zitat wird in „Die Fremden" dann nochmals aufgegriffen[171]. Die zitierte Fassung weist einige kleinere Abweichungen vom korrekten Wortlaut auf, was darauf hindeutet, daß Schmidt keine gedruckte Quelle zur Hand hatte (er schrieb seine Juvenilia ja bei Militär), vielleicht auch gar keine besaß. Er könnte das Gedicht aus der *Menschheitsdämmerung* gekannt haben, die er vermutlich vor 1933 zumindest in einer Bibliothek einsehen konnte. Im Soergel ist es nicht abgedruckt – dort findet sich immerhin Heyms sehr viel bekannteres Gedicht „Der Gott der Stadt"[172], das Ernst-Dieter Steinwender vage als möglichen Anreger des Weilaghiri-Traums in „Enthymesis" vermutet[173].

---

[169] Arno Schmidt, „Briefe an Heinz Jerofsky", in *„Wu Hi?"*, a.a.O., S. 53-89, hier S. 87.

[170] Vgl. Arno Schmidt, *Dichtergespräche im Elysium*, in Bargfelder Ausgabe I/4, a.a.O., S. 239-301, hier S. 261 f.: „Alle Landschaften haben [...] verschwimmen in Wind und Licht".

[171] Vgl. Schmidt, „Die Fremden", a.a.O., S. 553: „»Alle Landschaften haben / sich mit Blau erfüllt –« [...] »Weite Geschwader Wolken, / weiße Segel dicht –«".

[172] Vgl. Soergel, *Im Banne des Expressionismus*, a.a.O., S. 313.

[173] Ernst-Dieter Steinwender, „Träume im Frühwerk Arno Schmidts", in *Bargfelder Bote*, Lfg. 176-178 / Mai 1993, S. 20-31, hier S. 27.

Eine mindestens ebenso vage Vermutung – in diesem Fall von mir selbst ins Spiel gebracht[174] – ist der einzige bisher ersichtliche Anhalt dafür, daß Schmidt das Werk von **Alfred Lichtenstein** rezipiert haben könnte. In Lichtensteins Gedicht „Capriccio“ aus dem Jahre 1911 finden sich diese Verse: „Alle Straßen fließen, schwarze Spiegel, / An den Häuserhaufen, wo Laternen, / Perlenschnüre, leuchtend hängen“[175]. Es ist verlockend, zu mutmaßen, daß Schmidt die Titelformulierung seines Kurzromans „Schwarze Spiegel“, in den er immerhin eine Hommage an die Expressionisten Stramm und Ehrenstein einbaut, von einem weiteren Expressionisten übernommen haben könnte, doch abgesehen von dieser Verlockung spricht für eine solche Annahme nichts: „Capriccio“ ist weder in der *Menschheitsdämmerung* noch bei Soergel abgedruckt, eine Lichtenstein-Ausgabe steht nicht in Schmidts Nachlaßbibliothek, und auch sonst ist keine Spur zu finden, die von Schmidt zu Lichtenstein führt. Wir müssen Lichtenstein wohl doch in die oben entworfene Negativliste der von Schmidt nicht rezipierten Expressionisten aufnehmen.

Hans Arp ist genaugenommen kein Expressionist, aber nicht deshalb gehört er keineswegs in die Negativliste – Schmidt hat ihn rezipiert, zumindest punktuell. Zwei Zitate aus dem Arp-Gedicht „Opus Null“ finden sich in *Zettel's Traum*[176], wobei sich leider bislang nicht klären

---

[174] Vgl. Friedhelm Rathjen, „Utys in der Post. Arno Schmidts Lebens- und Lesetext in einer Passage von ‚Schwarze Spiegel‘“, in *Bargfelder Bote*, Lfg. 170-171 / Oktober 1992, S. 3-16, hier S. 15; Nachdruck in Rathjen, *Textarbeit, Textvergnügen. Einzeltextstudien zu Arno Schmidt* (Scheeßel: Edition ReJoyce 2008), S. 17-34, hier S. 33 f.

[175] Alfred Lichtenstein, „Capriccio“, in ders., *Dichtungen*, hg. v. Klaus Kanzog u. Hartmut Vollmer (Zürich: Arche 1989), S. 19.

[176] Schmidt, *Zettel's Traum*, a.a.O., S. 996 rm: „Er zieht aus seinem schwarzen Sarg um Sarg um Sarg um Sarg hervor“, S 996 ru: „Er weint mit seinem FurderTail, und wikklt sich in Trauerflor“.

läßt, woher Schmidts Kenntnis des Gedichts stammt: Jörg Drews vermutet als Quelle Benns Anthologie *Lyrik des expressionistischen Jahrzehnts*[177], die Schmidt aber ja, wie ich oben anläßlich von Behrens' „Goethe" erläutert habe, zumindest Ende der 50er Jahre nicht zugänglich gewesen zu sein scheint; eine andere mögliche Quelle wäre Enzensbergers *Museum der modernen Poesie* von 1960, das allerdings auch nicht in Schmidts Nachlaßbibliothek steht.[178] In jedem Fall sind die beiden Zitate in *Zettel's Traum* nicht Schmidts erste Bezugnahmen auf Arp, den er vielmehr schon Jahrzehnte zuvor kennengelernt hat. Heinz Jerofsky erinnert sich an ein Detail der Schulzeit mit Schmidt: „er zeigte mir in einer Anthologie ein Gedicht, ich weiß nicht mehr von wem, in dem doch tatsächlich eine Strophe etwa so lautete: Er kommt abhanden mit der Hand, er kommt abfußen mit dem Fuß und trägt in seinem Taschenfleisch den aufgerollten Redefluß."[179] Das, was Jerofsky hier weitgehend korrekt zitiert, ist der Anfang des Arp-Gedichts „Im Autonomobilen Reich", und bei der „Anthologie", in der Schmidt es

---

[177] Vgl. die Einzelstellendechiffrierung in *Bargfelder Bote*, Lfg. 1 / September 1972, S. 11.

[178] Vgl. *Museum der modernen Poesie*, eingerichtet von Hans Magnus Enzensberger (München: dtv 1964), S. 166 f. Ein kleines Indiz dafür, daß Schmidt das *Museum der modernen Poesie* zugänglich gewesen sein könnte, ist die Tatsache, daß darin auch das Gedicht „Landscape as a Nude" von Archibald MacLeish abgedruckt ist, auf das Schmidt in *Zettel's Traum* ebenfalls anspielt; vgl. ebd., S. 81 (Gedichtabdruck), 377 (Nennung des Originaltitels). Vgl. dazu Schmidt, *Zettel's Traum*, a.a.O., S. 171 rm: „A. MAC LEISH, 'Landscape as a Nude'". Von Enzensberger steht in Schmidts Nachlaßbibliothek der Gedichtband *Blindenschrift* von 1967; vgl. Gätjens / Jürgensmeier, *Die Bibliothek Arno Schmidts*, a.a.O., Nr. 362. Es ließe sich vorsichtig darüber spekulieren, ob Enzensberger Schmidt in den 60er Jahren vielleicht gelegentlich mit Freiexemplaren eigener Bücher versorgt hat.

[179] Jerofsky, „Erinnerungen an Arno Schmidt", a.a.O., S. 34.

Jerofsky gezeigt hat, handelt es sich wiederum um Soergels Expressionismus-Band: Soergel druckt das Gedicht am Ende seines Dada-Kapitels[180].

Soergel stellt sein – recht abschätziges – Dada-Kapitel direkt hinter das Kapitel „Abstrakte Lyrik – Sturm und Sturmdichtung", wohl um zu zeigen, wohin die überzogene Umsetzung der vom *Sturm* verkündeten neuen Kunstprinzipien führen kann. Schon zu Ende des *Sturm*-Kapitels selbst preist Soergel zwar – wie schon zuvor – August Stramm in höchsten Tönen, übt aber harsche Kritik an diversen Stramm-Epigonen und vermeintlichen Stramm-Überdrehern. Einer davon ist **Rudolf Blümner**, dessen „Ango laina" er zitiert und kommentiert.[181] Schmidt erinnert sich Ende 1956 in „Dya Na Sore" an dieses Gedicht, allerdings so ungenau, daß er sogar den Autorennamen verwechselt („Ich kenne wohl von Steiner her ‹Angolaina› und ähnlich unverständliche, südseehaft= wohlklingende Silbenfälle, ‹ukulele› und ‹Kon-tiki›; aber ....."[182]); in Schmidts erstem großen Joyce-Essay „Das Geheimnis von Finnegans Wake" (geschrieben 1960, also in dem Jahr, zu dessen Beginn Schmidt in den Besitz seines Soergel kommt) wird die Zuschreibung korrigiert: „Sie können auch noch RUDOLF BLÜMNER's ANGO= LAINA anführen. Aber ich will einmal ganz die, zu 95% verunglückte, ‹Form› beiseite lassen: nicht ‹zukunftwei-

---

180 Vgl. Soergel, *Im Banne des Expressionismus*, a.a.O., S. 634: „Er kommt abhanden mit der hand / er kommt abfußen mit dem fuß / und trägt in seinem taschenfleisch / den aufgerollten redefluß."

181 Vgl. ebd., S. 618 f., 622.

182 Arno Schmidt, „Dya Na Sore blondeste der Bestien", in Bargfelder Ausgabe II/1, a.a.O., S. 305-331, hier S. 308 f. Die Verwechslung Blümners mit Steiner wiederholt sich auf einer Postkarte Schmidts an Helmut Heißenbüttel vom 9. Mai 1957; vgl. „Eine Postkarte aus der Inselstraße 42 in Darmstadt", in *Bargfelder Bote*, Lfg. 277-278 / März 2005, S. 3 f.

sender Weg›, sondern *Sackgasse*: dem Selbst=Schreibenden 1 Warnschild, wie er's *nicht* machen darf!"[183] In dieser Passage des „Geheimnis"-Essays polemisiert Schmidt gegen ‚unverständliche' Dichtung aus dem Umkreis von Expressionismus und Dadaismus; in einem Atemzug mit Blümners „Ango laina" führt er „das große LALULÁ"[184] auf, und auch in diesem Hinweis auf **Christian Morgenstern** folgt er Soergel, der nämlich Blümners Gedicht mit den Worten kommentiert: „schon Christian Morgensterns lustige Galgenbrüder hatten ‚das große Lalulā' [...] und Kinder üben seit ewigen Zeiten diese Art Dichtung. Und: allen schönen Klängen dieser absoluten Dichtung zum Trotz: – die Musik kann das besser."[185] Noch ärger als Blümner kritisiert Soergel in diesem Zusammenhang die Merz-Dichtungen von **Kurt Schwitters**, und zwar wiederholt anhand der Zeile „Unstrahlend ezen Kriesche quäke dreiz" aus dem „Porträt Rudolf Blümner"[186] – und auch diesen kritischen Hinweis übernimmt Schmidt im Rahmen seiner kritischen Vorbehalte gegen *Finnegans Wake*, diesmal in „Der Triton mit dem Sonnen-schirm": „als Kinder ha'm wa *gelacht* über SCHWITTERS' ‹unstrahlend ezen Kriesche

[183] Arno Schmidt, „Das Geheimnis von Finnegans Wake", in Bargfelder Ausgabe II/2, a.a.O., S. 433-474, hier S. 442.

[184] Ebd.

[185] Soergel, *Im Banne des Expressionismus*, a.a.O., S. 623. – Zitate aus anderen Gedichten Morgensterns finden sich öfter bei Schmidt, so in „Kannitverstand und die Folgen", „Die Abenteuer der Sylvesternacht", „Sylvie & Bruno", *Zettel's Traum* und *Abend mit Goldrand*; da diese Zitate aber weder aus dem Soergel stammen noch mit Schmidts Expressionismus-Rezeption in (und sei es indirektem) Zusammenhang stehen, möchte ich diesen Zitaten an dieser Stelle nicht im einzelnen nachgehen.

[186] Ebd., S. 618 (Komplettzitat) und 621 f.; den Titel des Gedichts von Schwitters verrät Soergel allerdings nicht.

quäke dreiz›!“[187] Es scheint, daß Schmidt zur Untermauerung und Spezifizierung des in „Das Geheimnis von Finnegans Wake“ gegen das Joycesche Spätwerk vorgebrachten Vorwurfs, es sei „in Wirklichkeit [...] ziemlich viel DADA darin“[188], gezielt im *Sturm*- und im Dada-Kapitel des Soergel geblättert und nach schändlichen Beispielen unverständlichen Dichtens Ausschau gehalten hat. Vielleicht ging es ihm mit der Anschaffung des Soergel 1960 (just zum Zeitpunkt, da er sich ernsthaft und planmäßig mit Joyce zu beschäftigen begann) auch darum, sich rasch wieder über die literarische Avantgarde jener Zeit zu informieren, in der Joyce schrieb – und in die Schmidts eigene frühe Leseerfahrungen einschließlich der Entdeckung des Expressionismus fallen.

Und Soergel selbst ist Teil dieser frühen Leseerfahrungen, wie Schmidts schon zitierter Vorsatzeintrag bekräftigt: „die gleiche Ausgabe, die ich seit 1931, Biblio d Oberrealschule zu Görlitz kenne.“[189] Wenn wir uns fragen, welche „neuesten expressionistisch'n Anthologien“[190] Schmidt zu Schulzeiten in der Laubaner Stadtbibliothek gelesen haben will, so ist Soergel (vielleicht neben, wahrscheinlich aber vor der *Menschheitsdämmerung*) der allererste Kandidat. Daß Görlitz nicht Lauban und die Schulbibliothek nicht die Stadtbibliothek und der Soergel genaugenommen auch keine Anthologie ist, spricht keineswegs gegen diese Annahme, denn solche kleineren Ungenauigkeiten sind bei Erinnerungen über Jahrzehnte hinweg unvermeidlich, und auch Jerofsky bezeichnet die

[187] Arno Schmidt, „Der Triton mit dem Sonnenschirm. (Ūberlegungen zu einer Lesbarmachung von FINNEGANS WAKE von James Joyce.)“, in Bargfelder Ausgabe II/3, a.a.O., S. 31-70, hier S. 36.

[188] Schmidt, „Das Geheimnis von Finnegans Wake“, a.a.O., S. 440.

[189] Gätjens / Jürgensmeier, *Die Bibliothek Arno Schmidts*, a.a.O., Nr. 446.2.

[190] Schmidt, *Abend mit Goldrand*, a.a.O., S. 153.

Quelle des Arp-Gedichts, das Schmidt ihm im Soergel zeigte, ja als „Anthologie". Welche „neuesten expressionistisch'n Anthologien" hätte es um 1930 wohl auch geben sollen? Der Expressionismus war zu dieser Zeit schon weitgehend Geschichte, es erschienen zwar noch vereinzelte Gedichtbände einzelner expressionistischer Lyriker (zu denken ist vor allem an Ehrenstein), aber keine Anthologien mehr. Der Soergel also scheint Schmidts erste und wichtigste Anlaufstelle gewesen zu sein; wie die Behrens-Schelte in „Die Meisterdiebe" zeigt, hat sich Schmidt in seiner Darmstädter Zeit (vermutlich in einer öffentlichen Bibliothek) wieder Zugang dazu verschafft, und seit 1960 stand er ihm in der eigenen Bibliothek wieder als Standardwerk zur Verfügung, das habituell zu Rate gezogen wurde, wie Schmidt in dem Ende 1960 geschriebenen Aufsatz „Der Platz, an dem ich schreibe" explizit bezeugt: „Literaturgeschichten: für die ältere Zeit bediene ich mich, nach langer Prüfung, kurioserweise des Wolfgang MENZEL; für die neuere des unvermeidlichen SOERGEL"[191]. Als Schmidt beispielsweise Anfang 1963 eine neue Scheerbart-Ausgabe zu rezensieren hat, macht er sich erst einmal im Soergel kundig und hält mit dem Ergebnis nicht hinter dem Berg: „Könnte es doch Leute geben, wie z.B. den alten Soergel, die ‹Das graue Tuch und 10 Prozent Weiß. Ein Damenroman› für bedeutender erachten, als die hier zusammengedruckten 7 Stücke"[192]. Vermutlich bald nach Erscheinen besorgt Schmidt sich dann wohl Curt Hohoffs Neufassung von 1961/63[193], die er aber als „Soergel=junior"[194] und

---

[191] Arno Schmidt, „Der Platz, an dem ich schreibe", in Bargfelder Ausgabe III/4, a.a.O., S. 28-31, hier S. 29.

[192] Schmidt, „Seifenblasen und Nordisches Gemähre", a.a.O., S. 241.

[193] Vgl. Gätjens / Jürgensmeier, *Die Bibliothek Arno Schmidts*, a.a.O., Nr. 446.3. Schmidt legte in sein Exemplar einige anderswo in den 70er Jahren aufgelesene Artikel über expressionistische Autoren

„Neuen SOERGEL“[195] zunächst nicht wirklich ernst nimmt; dennoch wird die Neufassung offenbar mit der Zeit Schmidts Standardliteraturgeschichte, wenn wir einen Hinweis in *Julia* zum Maßstab nehmen: „ARNOLD ULITZ! Ja, das war ein bedeutender Mann! [...] Eben gar nicht so'n ›has=been aus den zwanziger Jahren‹: ob ›Sörgel=Hohoff‹ ihn nun hat oder nicht.“[196] Den (nicht ernsthaft dem Expressionismus zuzurechnenden) Erzähler Ulitz, für den sich Schmidt erst sehr spät interessiert[197], und seinen Roman *Ararat* erwähnt „Soergel=senior“ nämlich durchaus, wenn auch nur en passant[198].

Der Umstieg vom „Soergel=senior“ auf den „Soergel= junior“ könnte mitverantwortlich dafür sein, daß Schmidt sich in seinen späten Jahren auch da, wo er sich mit Autoren aus dem ersten Drittel des 20. Jahrhunderts beschäftigt, von der eigentlichen Literatur des Expressionismus entfernt – umgekehrt könnte es freilich auch sein, daß der Umstieg auf Hohoff Folge des aus anderen Gründen erlahmten Interesses ist. Einer der Autoren, mit denen sich Schmidt in seinem Spätwerk zusehends beschäftigt, ist der Prä-Expressionist **Alfred Mombert**. Nicht ganz zu Un-

---

ein: dies deutet darauf hin, daß er zu jener Zeit diese Ausgabe und nicht mehr den älteren Soergel als Standardnachschlagewerk benutzt.

194 Schmidt, *Sitara und der Weg dorthin*, S. 234.

195 Schmidt, „Ein unerledigter Fall“, a.a.O., S. 103. Vgl. auch ebd., S. 105: „Ich zitiere aber mal wieder SOERGEL=senior – der ‹junior› gebärdet sich ja noch viel Groß=Almosenieriger; obwohl er im Fall FRENSSEN 1 entscheidende Entschuldigung weniger hat“.

196 Schmidt, *Julia, oder die Gemälde*, a.a.O., S. 49.

197 Vgl. Schmidt, *Zettel's Traum*, a.a.O., S. 286 ru: Hinweis auf den Roman *Die Bärin* von 1922; sowie vor allem Schmidt, *Julia, oder die Gemälde*, a.a.O., S. 13, 40, 49, 96, 107. In den 70er Jahren trug Schmidt eine umfassende Ulitz-Bibliothek zusammen; vgl. Gätjens / Jürgensmeier, *Die Bibliothek Arno Schmidts*, a.a.O., Nr. 463.1-22.

198 Vgl. Soergel, *Im Banne des Expressionismus*, a.a.O., S. 796, 852.

recht stellt Schmidt Mombert im Frenssen-Funkessay in eine Reihe mit Nietzsche, Keller, Gerhart Hauptmann, Liliencron und Arno Holz[199]. Früh in *Zettel's Traum* zitiert Schmidt einen Passus aus Momberts Gedichten[200], den er dem Soergel (‚senior') hat entnehmen können[201]; weitere Mombert-Zitate und -Kommentare weiter hinten in *Zettel's Traum*[202] sowie in *Julia*[203] beruhen allerdings auf einer anderen Quelle, nämlich einer dreibändigen Mombert-Gesamtausgabe, die Schmidt 1968 anschafft. Im Vorsatz dieser Ausgabe notiert er: „›Der Himmlische Zecher‹ seit ~ 1930 bekannt"[204]. Schmidt hätte demnach Momberts Band *Der himmlische Zecher. Ausgewählte Gedichte* von 1909 (dessen Umschlag im Soergel abgebildet ist[205]) schon während der Schulzeit gelesen; ein Splitterzitat aus Momberts Gedicht „In Memoriam Heinz Lux Dehmel" in der *Gelehrtenrepublik*[206], für das keine andere plausible Quelle ersichtlich ist, mag eine späte Frucht dieser frühen Beschäftigung Schmidts mit Mombert sein. Ausgerechnet Mombert wäre damit neben Däubler der

---

[199] Vgl. Schmidt, „Ein unerledigter Fall", a.a.O., S. 110.

[200] Vgl. Schmidt, *Zettel's Traum*, a.a.O., S. 191 mm: „‘die Seele schwimmt im DämmerWald. Drin jeder Mensch hat seinen Baum. – (:Ein überwuchert TraumGesicht…')".

[201] Vgl. Soergel, *Im Banne des Expressionismus*, a.a.O., S. 229: „Die Seele schwimmt. / Die Seele schwimmt im Dämmerwald. / Voran, mein Führer! voran, du schöner Knabe! / Die Seele schwimmt im Dämmerwald. // Drin jeder Mensch hat seinen Baum; / ein überwuchert träumend Angesicht."

[202] Vgl. Schmidt, *Zettel's Traum*, a.a.O., S. 1131 rm: „‘wie der zürnenden Wulv der Bart stiebt!'; MEMBERT"; S. 1222 lo: „daß MOMBERT ooch so'n TIMUR=Fan gewesn wâ!"

[203] Vgl. Schmidt, *Julia, oder die Gemälde*, a.a.O., S. 32 f.

[204] Gätjens / Jürgensmeier, *Die Bibliothek Arno Schmidts*, a.a.O., Nr. 423.

[205] Vgl. Soergel, *Im Banne des Expressionismus*, a.a.O., S. 237.

[206] Vgl. Schmidt, *Die Gelehrtenrepublik*, a.a.O., S. 251: „*(Aber auch:* ‹*Einmal hält* der rastlos rollende Wagen›!"

einzige Lyriker aus dem Umfeld des Expressionismus, bei dem wir nach derzeitigem Kenntnisstand voraussetzen können, daß Schmidt vor 1933 mehr als nur in Anthologien zu findende Einzelgedichte von ihm kannte; von Leuten wie Nebel, Stramm und Ehrenstein, die üblicherweise prototypisch für jene Expressionisten genannt werden, mit denen Schmidt vertraut gewesen sei, läßt sich das gerade nicht sagen.

Otto Nebel wird gemeinhin als Mitadressat der Formulierung „‹Nebel›, ach unser Leben“[207] in „Schwarze Spiegel“ interpretiert[208], doch bleibt das eine Spekulation; die einzigen beiden definitiven Reflexe auf Nebel in Schmidts Werk sind die bekannten Zitate aus *Zuginsfeld* in *Zettel's Traum*[209]. Durch die exponierte Stellung des Schlußzitats „Excellenz fliegn am ganzn Leibe!“ und den üblichen Rückbezug auf das Auftauchen der Vokabel „Nebel“ ganz am Anfang von *Zettel's Traum*[210] hat die Nebel-„Folie“ in Schmidts Großroman eine Prominenz erlangt, die womöglich doch eine Überbewertung darstellt; von einem besonderen Engagement Schmidts für expressionistische Schreibweisen und / oder Autoren kann ja zur Zeit der Niederschrift von *Zettel's Traum* gerade kaum noch eine Rede sein. Tatsächlich halte ich es mittlerweile für wahrscheinlich, daß Schmidt Otto Nebel gar nicht übermäßig schätzte und aus seinem Werk womöglich nicht mehr kannte als eben die Zeilen, die er in *Zettel's Traum* einbaut. Jörg Drews hat schon darauf

---

[207] Schmidt, „Schwarze Spiegel“, a.a.O., S. 207.

[208] Vgl. z.B. Rathjen, „Utys in der Post“, a.a.O., S. 9 bzw. S. 24.

[209] Vgl. Schmidt, *Zettel's Traum*, a.a.O., S. 798 ru: „Der hohe Hut [...] fliegen am ganzen Leibe!“; S. 1330 mm: „Excellenz fliegn am ganzn Leibe!“ Nicht ganz so eindeutiges Nebel-Zitat ist eine Parallelformulierung weiter vorn im Text; vgl. ebd., S. 116: „am gantzen Leibe vor Erregunk fliegn“.

[210] Vgl. ebd., S. 4 mo: „Nebel schelmenzünftig“.

hingewiesen, daß genau die von Schmidt zitierten Zeilen aus *Zuginsfeld* auch in Benns Anthologie *Lyrik des expressionistischen Jahrzehnts* abgedruckt sind[211], und deshalb vermutet, genau dies sei Schmidts Quelle[212]. Daß Schmidt die Bennsche Anthologie benutzt hat, glaube ich aber – wie oben schon dargelegt – nicht; genau der Ausschnitt aus *Zuginsfeld*, den Benn druckt und Schmidt zitiert, steht so nämlich schon bei Soergel[213], und zwar direkt zwischen den oben schon aufgeführten Quellen für Schmidts Behrens-, Schwitters- und Blümner-Zitate im Abschnitt „Kritik“ des *Sturm*-Kapitels.

Und in genau diesem Umfeld stellt Soergel in Zitat und Kommentar zudem etliche Gedichte von **August Stramm** vor, zitiert zudem ausführlich zwei Briefe, in denen Stramm seine Methoden präzise erläutert. Im einen Fall gilt die Erläuterung der Begrifflichkeit des Gedichts „Untreu“, das mit der Zeilen endet: „Frei / Buhlt dein Kleidsaum / Schlenkrig / Drüber rüber!“[214]; genau daran knüpft Schmidt an, wenn er in „Die Meisterdiebe“ schreibt: „schlenkrig; der Rocksaum glockenmault drüberrüber – das ist August Stramm nachgebildet!“[215] Die zweite von

[211] Vgl. die Einzelstellendechiffrierung in *Bargfelder Bote*, Lfg. 1 / September 1972, S. 15.

[212] Vgl. Drews, „Ausstellung zu Leben und Werk Arno Schmidts in der Universitätsbibliothek Bielefeld: Katalog und Dokumentation“, a.a.O., S. 6. Daß Schmidt, wie Drews ebd. vermutet, auch Nebel ebenso wie Behrens und Schwitters bereits um 1930 rezipiert habe, „und zwar in der Zeitschrift ‚Der Sturm‘“, halte ich inzwischen für höchst unwahrscheinlich.

[213] Vgl. Soergel, *Im Banne des Expressionismus*, a.a.O., S. 617 f.

[214] Ebd., S. 602.

[215] Schmidt, „Die Meisterdiebe“, a.a.O., S. 341. Den Begriff „schlenkrig“ (der allerdings kein Strammscher Neologismus ist) benutzt Schmidt schon zuvor einmal; vgl. Schmidt, „Seelandschaft mit Pocahontas“, a.a.O., S. 412: „Sie lief, schlenkrig verfolgt von ihren Kleidern, grillenschlank, meine braune Zikade.“

Soergel zitierte Stramm-Briefstelle erläutert den Neologismus „schamzerpört“ des Gedichts „Freudenhaus“ und setzt hinzu: „Ich traue dem Drucker nicht, der denkt!“[216]; Arno Schmidt, der bekanntlich auch keinen mitdenkenden Drucker wünscht, benutzt besagten Neologismus in „Die Abenteuer der Sylvesternacht“[217] und in *Zettel's Traum*[218]. Es scheint durchaus möglich, daß sich auch Schmidts Kenntnis des Werks von August Stramm lange auf den Soergel gründete (zumal Schmidt auch in der Beurteilung Stramms Soergel folgt, der Stramm als einzigen *Sturm*-Dichter in allerhöchsten Tönen lobt). 1964 erwirbt Schmidt allerdings die Stramm-Werkausgabe des Limes-Verlags, und zudem gelangt zu einem unbekannten Zeitpunkt der bereits 1956 im selben Verlag erschienene Band *Dein Lächeln weint. Gesammelte Gedichte* in Schmidts Besitz.[219] Die Frage nach dem Umfang und den Quellen von Schmidts Stramm-Kenntnis stellt sich mithin nur für die Zeit bis Ende der 50er oder Anfang der 60er Jahre. Für die Jahre vor 1945 läßt sich hierzu gar nichts sagen; nach dem Krieg kommt es dann zu den bekannten Lobesworten Schmidts, angefangen bei der Verbeugung in „Schwarze Spiegel“: „Einmal neigte ich den Kopf, das Haupt, vor August Stramm: dem großen Dichter! (Auch Albert Ehrenstein, sagt was Ihr wollt!)“[220]. Im *Faun* läßt Schmidt

---

216 Vgl. Soergel, *Im Banne des Expressionismus*, a.a.O., S. 602.

217 Vgl. Arno Schmidt, „Die Abenteuer der Sylvesternacht“, in Bargfelder Ausgabe I/3, a.a.O., S. 455-475, hier S. 472: „oben LEITZ= Wetzlar unten Hasen=Fuß, in dicken Strümpfen, schamzerpört, die dünnen Waden“.

218 Vgl. Schmidt, *Zettel's Traum*, a.a.O., S. 1027 ro: „Mein (‘schamzerpoerteS’!) GeisterKleinch'n“; Quellennachweis durch We. Sch. [Werner Schmitz] in *Bargfelder Bote*, Lfg. 46-48 / Juni 1980, S. 29 f.

219 Vgl. Gätjens / Jürgensmeier, *Die Bibliothek Arno Schmidts*, a.a.O., Nr. 451.1-2.

220 Schmidt, „Schwarze Spiegel“, a.a.O., S. 209.

seinen Erzähler Düring verkünden: „Wieland ist mein größtes formales Erlebnis neben August Stramm!“[221] Stramm taucht in den schon zitierten Listen zu Unrecht vernachlässigter Autoren in „Rudolf Krämer-Badoni: Mein Freund Hippolyt“, *Das steinerne Herz*, „Stigma der Mittelmäßigkeit“ und „Goethe und Einer seiner Bewunderer“ auf; Zitate oder Anspielungen, die eine Einschätzung der Schmidtschen Werkkenntnis erlauben, sind aber im Werk dieser Zeit bislang nicht entdeckt worden. Erst 1957 in „Klopstock oder verkenne Dich selbst“ formuliert Schmidt wenigstens ansatzweise einen qualifizierten Kommentar zur spezifischen Kunst Stramms, wenn auch in Form eines leichten Einwands: „Der einzige Trost ist noch der, daß, wie ich vorhin schon sagte – und es trifft nicht minder auf Hölderlin zu, wie auf August Stramm! –: daß die Herren in dem, was sie als ‹Gedichte› deklarieren, eigentlich ja nur gute Prosa geben: Kryptoprosaisten sind sie, Einer wie der Andere!“[222] Der „Ländliche Spaziergang“ in Schmidts Erzählung „Schwänze“ ist als bewußter Reflex auf die Techniken Stramms gewertet worden[223],

---

[221] Schmidt, *Aus dem Leben eines Fauns*, a.a.O., S. 351.

[222] Arno Schmidt, „Klopstock oder verkenne Dich selbst“, in Bargfelder Ausgabe II/1, a.a.O., S. 359-388, hier S. 377. Diesen Einwand formuliert Schmidt am 9. Mai 1957 auch gegenüber Helmut Heißenbüttel. Vgl. „Eine Postkarte aus der Inselstraße 42 in Darmstadt“, a.a.O., S. 3: „Sie haben nämlich gar keine Lyrik geschrieben; sondern – genau wie die alten ›Oden‹ der Klopstock & Hölderlin; oder die ›Gedichte‹ von Arno Holz & August Stramm: Prosa!“

[223] Vgl. Kurt Möser, „‚Nach der strammen ‚Sturm‘-Methode gedichtet‘. Parodien und andere Textverarbeitungen im Umfeld der Lyrik August Stramms“, in *Der Deutschunterricht*, 37. Jg. (1985), H. 6, S. 58-73. Außerdem: Berentelg, „‚Der Löwe brüllt wenn er nicht schweigt‘“, a.a.O., S. 26. Sollte Schmidt bei seinem parodistischen Gedicht in der Tat an Stramm gedacht haben, so käme als Vorlage am ehesten dessen Langgedicht „Die Menschheit“ in Frage, dessen Anfang Soergel in jenem Abschnitt seines *Sturm*-Kapitels zitiert, in dem auch die von Schmidt verwerteten Nebel-, Blümner- und

doch aufgrund seines – zumindest auch – parodistischen Zugriffs wäre der Text dann mindestens so sehr Kritik wie Hommage; in Schmidts Spätwerk finden wir danach nur noch ein einziges Textdetail, das an Stramm anknüpft, nämlich eine Anspielung auf dessen Drama *Rudimentär* in *Zettel's Traum*[224]. Insgesamt muß man sagen, daß Schmidt Stramm zwar – vornehmlich in den 50er Jahren – häufig in den höchsten Tönen preist, aber doch nur sehr selten so etwas Profanes wie Textkenntnis durchblicken läßt. Etwas relativiert sich dieser Eindruck allerdings bei Kenntnisnahme des 1954er Tagebuchs von Alice Schmidt, in dem Stramm zweimal Thema ist. Zunächst am 21. November: „Wir fragen: ‚Meister, wer ist denn *kein* Angewandter?' Er: ‚Außer mir momentan kein Lebender.' – August Stramm ist tot, Tieck u. Wieland auch."[225] Diese Stelle entspricht grob den Stramm-Belobigungen in Schmidts Werk jener Zeit und bringt daher nicht wirklich einen neuen Aspekt, abgesehen vielleicht von der Bekräftigung, daß es ihm mit seiner Wertschätzung wirklich ernst war. Eine Überraschung bietet aber die zweite Tagebuchstelle, die Alice Schmidt elf Tage später notiert: „Viel von Döblin, noch mehr v. August Stramm gesprochen, dem gr. Formschöpfer und A. sagte einige seiner Gedichte."[226] Mit dem Verb ‚sagen' meint Alice Schmidt wohl ‚aufsagen' oder deklamieren; Schmidt ist also 1954 in der Lage, Stramm-Gedichte aus dem Gedächtnis vorzutragen. Völlig offen ist leider, ob es sich noch um Gedächtnisschätze der frühen Schmidtschen Expressionismus-Begeisterung

---

Schwitters-Gedichte stehen; vgl. Soergel, *Im Banne des Expressionismus*, a.a.O., S. 616 f.

[224] Vgl. Schmidt, *Zettel's Traum*, a.a.O., S. 219 rm: „war nich ein totes=kleines ‘Fränzchen’ bei STRAMM? ... rudementer? ...".

[225] Alice Schmidt, *Tagebuch aus dem Jahr 1954*, hg. v. Susanne Fischer (Frankfurt a.M.: Suhrkamp 2004), S. 243 (21.11.54).

[226] Ebd., S. 248 (1.12.54).

handelt (was bei einem Gedächtniskünstler wie Schmidt keineswegs ausgeschlossen ist) oder ob Schmidt in den Nachkriegsjahren in einem bisher nicht zu ermittelnden Kontext an Stramm-Gedichte geraten sein mag.

Mindestens ebenso unsicher ist die Sachlage allen Bemühungen (vor allem durch Jörg Drews) zum Trotz im Fall des zweiten erklärten Schmidtschen Lieblings unter den expressionistischen Lyrikern, **Albert Ehrenstein**. Bei der zitierten Verbeugung in „Schwarze Spiegel“ darf Ehrenstein ebenso neben Stramm treten wie in den oben aufgeführten Empfehlungen in „Rudolf Krämer-Badoni: Mein Freund Hippolyt“, „Goethe und Einer seiner Bewunderer“ und „Die aussterbende Erzählung“; hinzu kommen Einzelwürdigungen im *Faun* („*Was würd ich mit 10000 Mark machen?!:* 8 Morgen Wald und Haide im Kreis Fallingbostel kaufen; und n soliden Stacheldrahtzaun rum, d.h. also 7 Morgen (denn solche Zäune sind teuer!), also dann ungefähr 100×170 Meter, besser wie nischt! – Oder Albert Ehrenstein neu drucken lassen.“[227]) und in „Der Dank des Vaterlandes“ („Ehrenstein, der große Expressionist, »Kimpink«, starb arm und vergessen in New York“[228]). Schließlich widmet Schmidt Ehrenstein Ende 1961 sogar einen eigenen (kleinen) Aufsatz, „Vom Iskander zum Alexander“, nennt ihn darin „einen meiner Lehrmeister, denen ich heilsame Rücksichtslosigkeit verdanke und die schneidende Energie des Ausdrucks“[229], und wirbt geschickt für Ehrensteins Gedicht „Alexander“, das er mit diesem Text vorstellt – so geschickt in der Tat, daß wir beim ersten Lesen ein Faktum leicht übersehen: Schmidt spricht in dem Text in Wahrheit weniger von

---

[227] Schmidt, *Aus dem Leben eines Fauns*, a.a.O., S. 368.
[228] Schmidt, „Der Dank des Vaterlandes“, a.a.O., S. 212.
[229] Arno Schmidt, „Vom Iskander zum Alexander“, in Bargfelder Ausgabe III/3, a.a.O., S. 501 f., hier S. 502.

Ehrenstein als vielmehr von seiner eigenen langjährigen Begeisterung für die Alexander-Figur, die er an diverse frühe Lektüren knüpft, darunter Droysens *Geschichte Alexanders des Großen*, die er – das verrät er freilich nicht – um 1930 in einer von Ehrenstein herausgegebenen und eingeleiteten Neuausgabe gelesen zu haben scheint. Dieter Kuhn hat nachgewiesen, daß diverse Details der Ehrensteinschen Droysen-Einleitung in Schmidts eigenen *Alexander* eingegangen sind[230], woraus sich dann auch Schmidts schalkischer Hinweis in „Auf Arno Schmidt's ‹Rosen & Porree›" erklärt: „*Alexander:* / Strabon und Mannert erkannt'ich, und Ehrenstein und Karl May auch, / (schweigen wir ganz von Fouqué!) –: sage, was ist denn von Dir?"[231] Kuhn hat auch darauf hingewiesen, daß „Alexander oder Was ist Wahrheit" der Text ist, in dem Schmidt „Maß und Sinn dieses ISKANDER"[232] nachahmt, nämlich mit den Versen „... Pan schlief auf heißer Lichtung ein; [...] Bleibt süß und traurig ihr Gesicht ..."[233].

---

[230] Vgl. Dieter Kuhn, „Erläuterungen zu Arno Schmidts ‚Alexander oder Was ist Wahrheit'", in *Bargfelder Bote*, Lfg. 75-76 / Januar 1984, S. 3-29, hier S. 8, 12, 15, 22 f.

[231] Arno Schmidt, „Auf Arno Schmidt's ‹Rosen & Porree›", in Bargfelder Ausgabe I/4, a.a.O., S. 181.

[232] Schmidt, „Vom Iskander zum Alexander", a.a.O., S. 502.

[233] Arno Schmidt, „Alexander oder Was ist Wahrheit", in Bargfelder Ausgabe I/1, a.a.O., S. 77-114, hier S. 81. Jörg Drews' Vermutung, Schmidts Stilimitation sei in seinen Vorkriegsgedichten zu suchen, ist damit hinfällig; vgl. Drews, „„... einer meiner Lehrmeister"", a.a.O., S. 62. – Wenn man die Ehrenstein-Imitation in „Alexander oder Was ist Wahrheit" weiterspinnt, müßte sich hinter dem als Verfasser dort genannten „Diagoras" eigentlich Ehrenstein höchstpersönlich verbergen. Zu allerlei Spekulation gibt dann die Fortführung der Stelle Anlaß: „Was ist eigentlich aus ihm geworden? Agathyrsus wußte auch Etwas von ihm; er hatte ihn, selbst noch ein ganz junger Mensch, einmal am Hofe zu Pella gesehen" (S. 81 f.). Sollte es möglich sein, daß Schmidt in seiner Jugend Ehrenstein einmal „gesehen" hat? Oder sollten wir hier die Fiktion Fiktion sein

Damit bekommt Schmidts Bezugnahme auf Ehrenstein aber nun eine ganz andere Qualität als diejenige auf Stramm, sie greift ganz konkret auf Texte zu. Es ist also klar, daß Schmidt über abrufbare Textkenntnis verfügte, und zwar schon lange bevor er 1961 oder 1962 in den Besitz der Ehrenstein-Ausgabe Karl Ottens[234] gelangte, die dann für die beiden Ehrenstein-Reflexe in *Zettel's Traum*[235] verantwortlich sein mag. Zwei Gedichte Ehrensteins sind es, die Schmidt zwischen 1949 und 1959 wiederholt zitiert oder anspielt: „Kimpink", auf das sich Schmidt bezieht in *Aus dem Leben eines Fauns* (Zitat „Rochenaug und Haifischzahn bleibt uns ewig untertan!"[236]), „Klopstock oder verkenne Dich selbst" („Lesen Sie doch einmal ein *wirklich* großes Wasserstück, den ‹Kimpink› Albert Ehrensteins; damit Sie den *Unter*schied sehen zwischen wirklicher Dichtung, und selbstgefälliger hürnener Konstruktion"[237]) und im „Iskander"-Aufsatz („Abgesehen davon, daß der große Albert Ehrenstein vielleicht Besseres geleistet hat – KIMPINK"[238]); und eben „Alexander", auf das er sich bezieht in „Schwarze Spiegel" („oh ewig flüchtende Gestalt"[239]), *Aus dem*

---

lassen und drauf verzichten, aus ihr kryptische biographische Mitteilungen herauszulesen?

234 Vgl. Gätjens / Jürgensmeier, *Die Bibliothek Arno Schmidts*, a.a.O., Nr. 360.1.

235 Vgl. Schmidt, *Zettel's Traum*, a.a.O., S. 506 mm: „ein müffzndis Stückchin Fleisch – 'verstunken' sagt EHRENSTEIN"; S. 1181 mm: „Du wolltSD Uns noch Dein' Tubutsch vor=führn".

236 Schmidt, *Aus dem Leben eines Fauns*, a.a.O., S. 361. Nachweis bei Dieter Kuhn, *Kommentierendes Handbuch zu Arno Schmidts Roman „Aus dem Leben eines Fauns"* (München: edition text + kritik 1986), S. 197.

237 Schmidt, „Klopstock oder verkenne Dich selbst", a.a.O., S. 371.

238 Schmidt, „Vom Iskander zum Alexander", a.a.O., S. 501.

239 Schmidt, „Schwarze Spiegel", a.a.O., S. 238.

Leben eines Fauns („mein Seelvogel“[240]), *Kosmas oder Vom Berge des Nordens* („menschennah“[241]), *Das steinerne Herz* („*Wir verwandten kein Auge* von der ewig blühenden Gestalt“[242]) und natürlich im „Iskander“-Aufsatz selbst, in dem Schmidt nicht nur wiederum die „ewig flüchtende Gestalt“ und den „Käfig menschennah“ zitiert[243], sondern dem er bei Einreichung zum Druck in der *Zeit* auch eine Abschrift des kompletten „Alexander“ beifügen konnte[244]. Schmidt muß also – und zwar wohl schon bei der Abfassung seines eigenen „Alexander“-Textes im Februar 1949 – den kompletten Text von Ehrensteins „Alexander“ zur Verfügung gehabt haben, dazu vom „Kimpink“ zumindest eine Zeile (die natürlich memorierbar wäre). Jörg Drews stellt allerlei Überlegungen darüber an, wie Schmidt an die Texte gekommen sein könnte, doch führen diese Überlegungen nicht wirklich zu einem Ergebnis. In diesem Fall hilft uns leider auch der famose Soergel nicht weiter – wohl aber dessen Fastnamensvetter Albert Sergel, ein unbedeutender Lyriker, der 1925 bei Bong eine Lyrikanthologie herausgab: *Saat und Ernte. Die deutsche Lyrik unserer Tage. In Selbstauswahlen der Dichter und Dichterinnen*. In Schmidts Nachlaßbibliothek steht die zweite, vermehrte Ausgabe dieser Anthologie[245]; es sind nur wenige Expressionisten darin berücksichtigt (auch eine Folge der Tatsache, daß nur lebende Lyriker

---

[240] Schmidt, *Aus dem Leben eines Fauns*, a.a.O., S. 335. Nachweis bei Kuhn, *Kommentierendes Handbuch zu Arno Schmidts Roman „Aus dem Leben eines Fauns“*, a.a.O., S. 122.

[241] Arno Schmidt, „Kosmas oder Vom Berge des Nordens“, in Bargfelder Ausgabe I/1, a.a.O., S. 439-502, hier S. 473 f.

[242] Schmidt, *Das steinerne Herz*, a.a.O., S. 156.

[243] Schmidt, „Vom Iskander zum Alexander“, a.a.O., S. 502.

[244] Vgl. Drews, „„... einer meiner Lehrmeister““, a.a.O., S. 58.

[245] Vgl. Gätjens / Jürgensmeier, *Die Bibliothek Arno Schmidts*, a.a.O., Nr. 440.

aufgenommen wurden – viele Expressionisten hatten ja den Krieg nicht überlebt), doch ist immerhin Albert Ehrenstein darunter, von dem Sergel genau zwei Gedichte abdruckt: den „Alexander“ (hier unter dem alternativen Titel „Iskander“, den ja auch Schmidt durchgängig verwendet) und „Kimpink“[246]. Es ist nicht sicher, aber doch zu vermuten, daß Schmidt die Sergel-Anthologie schon zu Schulzeiten anschaffte (vielleicht sogar für die Arbeit im Unterricht); nach dem Krieg und noch bis 1962 war dies offensichtlich Schmidts einzige Quelle für Gedichte Albert Ehrensteins. Aus den angeführten Belegstellen der Zeit vor 1960 ist definitiv zu schließen, daß Schmidt die beiden Gedichte „Alexander“ und „Kimpink“ sehr genau kannte, mehr von Ehrenstein aber nicht notwendigerweise. So erklärt sich dann auch Schmidts am 20. Juni 1962 formulierte Antwort auf die Bitte des *Zeit*-Redakteurs Dieter E. Zimmer, er möge ihm die Ottensche Ehrenstein-Ausgabe rezensieren: „Ihren angekündigten EHRENSTEIN habe ich bis jetzt noch nicht erhalten – es hätte aber auch keinen Zweck, denn ich schätze ihn zwar, weiß jedoch zu wenig von ihm, um eine Rezension schreiben zu können.“[247]

Und das gilt womöglich ebenso für Schmidts Verhältnis zu anderen der von ihm in seinem Werk erwähnten Ex-

---

[246] Vgl. Albert Sergel (Hg.), *Saat und Ernte. Die deutsche Lyrik unserer Tage. In Selbstauswahl der Dichter und Dichterinnen. Mit kurzen Eigenbiographien und Angabe ihrer Werke*, neue, vermehrte Ausgabe, 4.-10. Tausend (Berlin: Bong o.J. [1925]), S. 481-484. – In den bibliographischen Angaben am Ende des Bandes werden für Ehrenstein u.a. die beiden Gedichtbände *Die weiße Zeit* und *Die rote Zeit* aufgeführt (ebd., S. 581); vgl. die Anspielung auf diese Titel in Schmidt, „Vom Iskander zum Alexander“, a.a.O., S. 501: „oh WEISSE ZEIT & ROTE ZEIT“.

[247] „Zwei Briefe Arno Schmidts“, in *Bargfelder Bote*, Lfg. 115 / Juni 1987, S. 17 f., hier S. 18.

pressionisten – er schätzte einige davon zwar durchaus, wußte aber weniger von ihnen, als die Schmidt-Forschung bisher annahm. Trotz der vielen Ungewißheiten und Datenlücken, die ich mit der vorstehenden Belegesichtung immer noch nicht habe ausräumen können, möchte ich zum Schluß den Versuch machen, den wahrscheinlichen Verlauf von Schmidts Expressionismus-Rezeption in einem chronologischen Überblick zusammenzufassen:

Entdeckt hat Schmidt den Expressionismus während seiner Görlitzer Schulzeit, also um 1930. Er erwirbt von Döblin *Die drei Sprünge des Wang-lun* und *Giganten*, von Däubler das *Nordlicht*, vielleicht auch von Alfred Mombert die Gedichtsammlung *Der himmlische Zecher* und von Meyrink den Roman *Der Engel vom westlichen Fenster*; einzelne Gedichte anderer Autoren lernt er im Soergel (dem er viele Entdeckungen und vielleicht auch Bewertungen und eine grundlegende Orientierung über die Entwicklung verdankt) sowie in Anthologien (darunter vermutlich die *Menschheitsdämmerung*) kennen. Im Abitur 1933 preist Schmidt den Expressionismus und schneidet (deshalb?) schlechter ab als erhofft; gänzlich ungewiß ist, worum genau es in der Prüfung gegangen sein mag – um den Expressionismus als literarische Schule insgesamt, um Prosa oder Lyrik, um einzelne Autoren vielleicht? Nach 1933 scheint Schmidts Begeisterung für den Expressionismus zu erlahmen, abzulesen daran, daß expressionistische Autoren in den Erinnerungen und Zeugnissen, die der Band *„Wu Hi?“. Arno Schmidt in Görlitz Lauban Greiffenberg* versammelt, praktisch überhaupt nicht vorkommen. Schmidt wendet sich in dieser Zeit dem 19. Jahrhundert und noch älterer Literatur zu. Auch in den erhaltenen Teilen der Bücherpacklisten, die Arno und Alice Schmidt 1945 vor der Flucht aus Schlesien erstellen, tauchen keine Titel aus dem Umkreis des Expressionismus auf; allerdings übersteht eine noch 1939 von Schmidt gekaufte Trakl-Ausgabe den Krieg, und in den Texten, die Schmidt als Soldat schreibt, finden sich Rekurse auf die Lyrik Georg Heyms. Schmidts Restinteresse am Expressionismus scheint sich in dieser Zeit folglich auf romantische Apokalyptiker zu konzentrieren.

Nach 1945 erwacht Schmidts Expressionismusbegeisterung neu, gilt jetzt jedoch primär den Formexperimentatoren, vor allem Stramm, außerdem Ehrenstein, in der Prosa Döblin. Durch den Zuspruch Max Benses sieht er sich darin bestärkt, Sprachtechniken des Expressionismus zu übernehmen und weiterzuentwickeln, doch Benses Vorliebe für und Interesse an Gottfried Benn kann oder mag Schmidt nicht folgen. Direkten Zugriff auf Texte expressionistischer Autoren hat Schmidt in dieser Zeit nur sehr eingeschränkt; er gleicht diesen Mangel aus, indem er auf erinnerten früheren Lektüren aufbaut und zudem scharf formulierten Lobeshymnen den Vorzug vor konkreten Textbezügen gibt. Als sich gegen Ende der 50er Jahre Schmidts Materiallage bessert, er (zunächst in einer öffentlichen Bibliothek und schließlich im eigenen Buchbestand) wieder Zugang zum Soergel und dann auch zu neu erscheinenden Werkausgaben einzelner Autoren bekommt, geht er allerdings allmählich auf Abstand zum Expressionismus und gebraucht die nun zugänglichen Texte vornehmlich dazu, sie kritisch in den Blick zu nehmen. In den polemischen Passagen seiner Joyce-Essays nutzt Schmidt Seitenhiebe gegen extreme Sprachdeformierungen im Umfeld des Expressionismus, um sich gegen die von ihm diagnostizierte partielle Unverständlichkeit von Joyce und anderen Autoren der Moderne zu wenden.

In Schmidts Spätwerkphase spielen die einstmals gepriesenen Autoren des Expressionismus keine Rolle mehr, obwohl sich Schmidt gerade jetzt zusehends der Literatur des frühen 20. Jahrhunderts zuzuwenden beginnt. Dabei präferiert er Autoren wie Werfel, Schmidtbonn, Ulitz, Otto zur Linde, Carl Spitteler, Hermann Sudermann, Paul Keller, Albrecht Schaeffer und mit Vorbehalten auch wieder Däubler, bei denen er freilich keineswegs mehr einen expressionistischen Form- und Stilwillen sucht (zumal ein solcher bei den meisten dieser Autoren kaum zu finden ist), sondern eher Stoffe, die er aus dem einen oder anderen Grund (oft auch einfach als anschauliches, weil schlecht geschütztes Analysematerial) verarbeiten möchte.

Der vermeintlich profunde Expressionismuskenner Arno Schmidt verfügte wahrscheinlich zeit seines Lebens nie über die breiten wie tiefen Kenntnisse zur Literatur des Expressionismus, die aufgrund einiger gezielter Textsignale lange bei ihm vermutet wurden. Gerade in den entscheidenden Nachkriegsjahren bis zum Umzug nach Darmstadt 1955 hatte er zudem kaum Zugang zu einschlägigen Texten. Wichtiger allerdings ist, daß es Schmidt in den frühen 50er Jahren gelang, punktuell und doch auf sehr wirkungsvolle Weise für den Expressionismus zu werben; nachdem dieses Werben allmählich Erfolg zeitigte und das Interesse der literarischen Öffentlichkeit sich in wenn auch beschränktem Maße wieder der vergessenen Literatur- und Kunstrichtung zuwandte, konnte Schmidt sich aus der Debatte zurückziehen – seine Mission war beendet. Und am allerwichtigsten ist, daß Schmidt sich in seinen eigenen Nachkriegstexten durch die Impulse des Expressionismus, so eingeschränkt seine Kenntnisse davon auch waren, doch zu eigenen vor allem sprachlich-stilistischen Experimenten animieren ließ, die der Qualität der Schmidtschen Schreibe äußerst zuträglich waren. Mag der Input kleiner als lange vermutet gewesen sein – der Output war gewaltig. Schmidt hatte wirklich allen Grund, sich vor Stramm, Ehrenstein & Co. zu verbeugen.

Arno Schmidts Tucholsky-Rezeption
Chronologischer Abriß

1932 hört der politisch zutiefst desillusionierte Kurt Tucholsky zu veröffentlichen auf, und mit der Bücherverbrennung 1933 endet auch für Arno Schmidt bis auf weiteres die Chance, das Werk dieses famosen Autors kennenzulernen. Oder hat er es schon vor 1933 gekannt? Anhaltspunkte dafür gibt es nicht, und das paßt eigentlich auch ins Bild, denn Tucholsky ist meilenweit entfernt von Schmidts literarischen Vorlieben dieser frühen Jahre. Bei seinem Abitur preist Schmidt, wie er später gern erwähnt, den Expressionismus; Tucholsky freilich ist unter den lesenswerten deutschen Autoren der 20er Jahre gerade derjenige, der die Impulse des Expressionismus am allerwenigsten, nämlich wirklich ganz und gar nicht aufgenommen hat. Und ansonsten liest Schmidt in den späten 20ern und in den 30ern nach allem, was wir heute wissen, vornehmlich Feinsinniges mit Tiefgang, in dem allenfalls mal ein bißchen Ironie, aber keinesfalls Satire ins Spiel kommt – also so ziemlich das Gegenteil dessen, was Schmidt in den Texten Tucholskys hätte finden können.

Arno Schmidts Tucholsky-Rezeption beginnt deswegen erst nach 1945, und womöglich hätte sie auch da nicht stattgefunden, wäre Schmidt nicht Rowohlt-Autor geworden und über lange Jahre mit der Produktion des Rowohlt-Verlags beliefert worden[1], was eben auch heißt: mit Neu-

---

[1] Vgl. Friedhelm Rathjen, „Feiste Schurken. Arno Schmidt als Rowohlt-Leser 1947-55“, in Frank Legl (Hg.), *Zettelkasten 25. Aufsätze und Arbeiten zum Werk Arno Schmidts. Jahrbuch der Gesellschaft der Arno-Schmidt-Leser 2006* (Wiesenbach: Bangert & Metzler 2008), S. 175-196; korrigierter Nachdruck in Friedhelm Rathjen, *Der Bücherfresser. Arno Schmidt als Wiederverwerter*

ausgaben etlicher Tucholsky-Texte. Schon 1946 erscheint als einer der ersten Rowohlt-Titel nach der Wiedergründung des Verlags der Band *Gruß nach vorn*, eine Auswahl aus Tucholskys kürzeren Prosatexten und Gedichten. Der Auswahlband verkauft sich so gut, daß 1947 eine zweite und im Oktober 1948 eine dritte Auflage folgt. Schmidt hat diesen Band rezipiert, wobei zu vermuten ist, daß er erst die dritte Auflage in die Finger bekommen hat; kurz vor deren Erscheinen nämlich – Mitte September 1948 – hat er mit Rowohlt den Verlagsvertrag über seinen *Leviathan* geschlossen und ist nun also Hausautor des jetzt in Hamburg angesiedelten Verlags. Zwar beginnt seine planmäßige Belieferung mit dem kompletten Rowohlt-Programm erst später, doch einzelne Verlagserzeugnisse finden jetzt schon den Weg zu ihm, und *Gruß nach vorn* scheint dabei zu sein.

Just um diese Zeit herum – im Herbst 1948 – beginnt sich Schmidts Stil zu wandeln. In den drei Jahren zuvor hat er die Texte des Bandes *Leviathan* geschrieben, also Texte, die zwar eine gewaltige sprachliche und erzählerische Verve entfalten, aber doch auch in einem sehr ernsthaften Ton gehalten sind; kaum einmal läßt Schmidt so etwas wie Witz aufblitzen. Ab Herbst 1948 wird das anders; Schmidt schreibt nun Texte mit einem heftigen satirisch-humoristischen Element, nämlich zunächst die Briefe der geplanten *Wundertüte* und schließlich dann die drei Kurzromane, die später zur Trilogie *Nobodaddy's Kinder* versammelt werden. Für den Wechsel der Tonlage im Herbst 1948 gibt es natürlich mehrere (denkbare)

(Scheeßel: Edition ReJoyce 2009), S. 37-57. Sowie Friedhelm Rathjen, „Grimme Plage. Eine erste Übersicht über die von Arno Schmidt rezipierten Rowohlt-Bücher 1947-55", in Legl (Hg.), *Zettelkasten 25*, a.a.O., S. 197-251; erweiterter Nachdruck in Rathjen, *Der Bücherfresser*, a.a.O., S. 59-103.

Ursachen; zumindest eine könnte aber die Bekanntschaft mit besagtem Tucholsky-Band sein. Wenn man als Schmidt-Kenner den Band *Gruß nach vorn* liest, hört man dort immer wieder einen Ton heraus, der (ebenso wie manche sprachliche Wendung, etwa „So siehst du aus“[2]) doch sehr an Schmidts Prosa (und zwar diejenige ab 1948) erinnert; kennzeichnen läßt sich dieser Ton als Mischung eines betont saloppen Duktus mit einem feinen Gespür für sprachliche und gedankliche Logik, das in ätzenden Spott umschlägt, wo von anderen gegen genau diese Logik verstoßen wird. Scharf kritisiert wird von dieser Warte aus alles pompöse, feingeistige, unausgegorene und/oder inhaltsleere Sprechen und zumal Schreiben.

Aber läßt sich überhaupt nachweisen, daß (und gegebenenfalls wann) Schmidt den Band *Gruß nach vorn* gekannt hat? In seiner Nachlaßbibliothek findet sich der Band nicht; es lassen sich aber etliche unmittelbare Echos auf einzelne Beiträge des Bandes im Werk Arno Schmidts namhaft machen. Der chronologisch erste Text Schmidts, in dem sich möglicherweise ein solches Echo findet, ist *Brand's Haide*; eingangs des Kurzromans stellt sich der Erzähler der Hauswirtin, bei der er (gegen ihren Willen) einquartiert werden soll, vor und blickt dabei „unerbittlich auf Stempel und Signum (in hoc signo vinces; hoffentlich)“[3];

---

2 Kurt Tucholsky, *Gruß nach vorn*, eine Auswahl herausgegeben von Erich Kästner (Berlin Hamburg Stuttgart Baden-Baden: Rowohlt [3]1948), S. 153. Bei Schmidt findet sich diese Wendung (auch in der Variante „So seht Ihr aus!“) von den frühen 50er Jahren an.

3 Arno Schmidt, *Brand's Haide*, in Bargfelder Ausgabe, Bd. I/1 (Zürich: Haffmans 1987), S. 115-198, hier S. 119. – Vgl. auch Arno Schmidt, „‹Winnetous Erben›. Karl May und die Frage der Texte“, in Bargfelder Ausgabe, Bd. III/3 (Zürich: Haffmans 1995), S. 462-474, hier S. 468: „‹WINNETOU in hoc signo vinces?!›“; Arno Schmidt, *Zettel's Traum* (Stuttgart: Goverts Krüger Stahlberg 1970), S. 773 lm: „in hoc signo vinces“.

bei der hier benutzten lateinischen Wendung (einer freilich recht bekannten und entsprechend verbreiteten Sentenz aus der *Vita Constantini*) hat Schmidt womöglich auch „Was wäre, wenn..." im Sinn, einen satirischen Tucholsky-Text gegen die Prügelstrafe, der in *Gruß nach vorn* abgedruckt ist und mit den Worten endet:

> „[...] Die bewährte Strafe ist heute nicht mehr wegzudenken. Sie ist eine politische Realität; ihre Einführung beruhte auf dem freien Willen des ganzen deutschen Volkes, dessen Vollstrecker wir sind. Das Gegebene, meine Herren, ist immer vernünftig, und niederreißen ist leichter als aufbauen. In hoc signo vinces! So daß wir also heute voller Stolz ausrufen können:
>
> Das deutsche Volk und seine Prügelstrafe – sie sind untrennbar und ohneeinander nicht zu denken!
>
> Das walte Gott!"[4]

Brand's Haide hat Schmidt zwischen Januar und September 1950 geschrieben; da die fragliche Passage weit am Anfang des Textes steht, deutet das Zitat darauf hin, daß Schmidt spätestens zu diesem Zeitpunkt den Tucholsky-Band in der Tat gelesen hat – falls er die lateinische Sentenz nicht völlig ohne Tucholsky-Hintergrund anbringt, was selbstredend ebenfalls denkbar ist.

Sicher nachweisen läßt sich Schmidts Tucholsky-Kenntnis dann für den nächsten Kurzroman Schmidts, also „Schwarze Spiegel" (entstanden im Mai 1951). Der unbeweibte und entsprechend sexuell unerfüllte Erzähler „zwinkerte der imaginären Angestellten, aber schon ohne Hoffnung, zu: wenn sie bloß hier wäre; je pouvais prendre un chien hatte Tucholsky gesagt."[5] Die Vorlage dieser

---

4 Tucholsky, *Gruß nach vorn*, a.a.O., S. 151.

5 Arno Schmidt, „Schwarze Spiegel", in Bargfelder Ausgabe I/1, a.a.O., S. 199-260, hier S. 226.

Stelle findet sich in Tucholskys Text „Durchaus unpassende Geschichten“, einer Ansammlung von Paris-Anekdoten, unter denen dieses Witzchen ist:

> Auf dem Boulevard de Sébastopol bereden zwei Zuhälter, wie es so ist im menschlichen Leben.
> „Mensch!“ sagt der eine. „Mir ist heute mächtig ...“
> „Und mir erst!“ sagt der andre. „Aber wie! Je crois que je serais capable de prendre un chien ...“
> Da geht die Sappho, ein weiblicher Knabe, vorbei und hat es alles mitangehört und sagt ganz leise:
> „Wau-wau –!“[6]

Kurz nach Fertigstellung von „Schwarze Spiegel“, nämlich am 22. Juni 1951, schreibt Arno Schmidt seine Rezension „Rudolf Krämer-Badoni: Mein Freund Hippolyt“ und bietet darin sein ganzes satirisches Talent auf: „Ab und zu wird ein winziges verkrampftes Schweinereichen gewagt –: das beweist einen vorurteilsfreien Geist, und macht die Pastorentöchter beiderlei Geschlechts vor der wilden Verworfenheit erschauern.“[7] Auch für die Wendung von den Pastorentöchtern „beiderlei Geschlechts“ hat sich Schmidt womöglich bei Tucholsky bedient, und zwar im Abschnitt „Satire“ von dessen „Traktat über den Hund, sowie über Lerm und Geräusch“, ebenfalls im Band *Gruß nach vorn* abgedruckt. Tucholsky läßt sich dort über „Lebensgewohnheiten im bürgerlichen Haus-

---

[6] Tucholsky, *Gruß nach vorn*, a.a.O., S. 70.

[7] Arno Schmidt, „Rudolf Krämer-Badoni: Mein Freund Hippolyt“, in Bargfelder Ausgabe III/3, a.a.O., S. 95 f., hier S. 95. – Vgl. auch Arno Schmidt, „Seelandschaft mit Pocahontas“, in Bargfelder Ausgabe I/1, a.a.O., S. 391-437, hier S. 432: „so alte Weiber, beiderlei Geschlechts“. – Günther Flemming macht mich darauf aufmerksam, daß Schmidt diese Formulierung auch schon aus Laurence Sternes *Tristram Shandy* und aus Walter Scotts *Peveril of the Peak* gekannt haben könnte.

halt“ aus und schreibt (im Anschluß an eine ätzendes Sir-Galahad-Zitat):

> Hier eingreifen stößt auf Mord. Keine Zeitung, die es wagen könnte, in diesen Muff eine wettersichere Grubenlampe hinunterzulassen – das Geschrei von Hausfrauen, klavierübenden und gesangsheulenden Damen beiderlei Geschlechts, von organisierten Tierfreunden und reinmachewahnsinnigen Besessenen dampfte ihr entgegen. In meiner Wohnung kann ich machen, was ich will – das wäre ja gelacht.[8]

Als Schmidt „Schwarze Spiegel“ und seine Krämer-Badoni-Rezension schreibt, besitzt er seit rund einem Jahr schon einen zweiten Tucholsky-Band, nämlich den Roman *Schloß Gripsholm*, der Mitte Juni 1950 als rororo-Taschenbuch erschienen ist. (Zwar hat Jörg Drews früh vermutet, Schmidt habe das Buch „wahrscheinlich nach 1945“ in der „Ausgabe als Rotationsdruck des Rowohlt-Verlages“ gelesen[9], die bereits 1946 erschien, doch das ist nach heutigem Kenntnisstand unwahrscheinlich.) Schmidt erhielt das *Gripsholm*-rororo vom Verlag gleich nach Erscheinen, also noch während seiner Arbeit an *Brand's Haide*. Da das einzige Echo auf *Gruß nach vorn* in *Brand's Haide* (die Sentenz „in hoc signo vinces“) nur ein mögliches und keineswegs ein hieb- und stichfestes ist, läßt sich auch ein etwas anderer Ablauf der Tucholsky-Rezeption Schmidts in dieser Phase vorstellen. Es könnte durchaus sein, daß die rororo-Ausgabe von *Schloß Gripsholm* das erste Tucholsky-Buch ist, das Schmidt besitzt und liest, und daß er sich erst durch diese Lektüre ani-

---

8 Tucholsky, *Gruß nach vorn*, a.a.O., S. 39.

9 Jörg Drews, „Ausstellung zu Leben und Werk Arno Schmidts in der Universitätsbibliothek Bielefeld: Katalog und Dokumentation“, in *Bargfelder Bote*, Lfg. 110-112 / Januar 1987, S. 3-41, hier S. 28.

miert fühlt, sich noch etwas anderes von Tucholsky zu besorgen. Dem widerspricht allerdings, daß zunächst keinerlei Reflexe auf *Schloß Gripsholm* in Schmidts Werk auftauchen.

Erst 1952 ändert sich das; spätestens jetzt hat Schmidt den Roman wohl gelesen. In *Die Umsiedler* (Mai 1952) finden wir einen kulinarischen Witz („»Sieht nach Regen aus«, sagte Old Weber, behaglich die Hände ums wärmende Kaffeegeschirr; ich überließ Katrin das nun unvermeidlich gewordene »Schmeckt auch so«“[10]), der eventuell bei Tucholsky ausgeliehen sein könnte. In *Schloß Gripsholm* heißt es anläßlich eines Frühstücks: „‚Die Bouillon‘, sagte die Prinzessin, ‚sieht aus wie Wasser in Halbtrauer!‘ – ‚So schmeckt sie auch.‘“[11] Allerdings ist dieser Zusammenhang nicht wirklich zwingend, denn der Kaffee-und-Regen-Witz ist relativ verbreitet.

Definitiv nachweisbar ist, daß die Lektüre von *Schloß Gripsholm* im Text von Schmidts nächstem Kurzroman *Aus dem Leben eines Fauns* (Dezember 1952 / Januar 1953) Spuren hinterlassen hat, wie schon Dieter Kuhn in seinem *Faun*-Handbuch nachweisen konnte[12]. Sowohl der Name des Landrats „Dr. von der Decken“[13] im *Faun*-Roman als auch Schmidts Einführung eines Hundes, den sein Herrchen „Bismarck“ nennt, um Gelegenheit zu haben, straflos auf den verhaßten Preußenpolitiker

[10] Arno Schmidt, *Die Umsiedler*, in Bargfelder Ausgabe I/1, a.a.O., S. 261-297, hier S. 275.

[11] Kurt Tucholsky, *Schloß Gripsholm*, rororo 4 (Hamburg: Rowohlt 1950), S. 30.

[12] Vgl. *Dieter Kuhn, Kommentierendes Handbuch zu Arno Schmidts Roman „Aus dem Leben eines Fauns“* (München: edition text + kritik 1986), S. 25, 149.

[13] Arno Schmidt, *Aus dem Leben eines Fauns*, in Bargfelder Ausgabe I/1, a.a.O., S. 299-390, hier S. 305.

schimpfen zu können[14], geht zurück auf eine Passage recht früh in Tucholskys Roman:

> Der Laufmüller, der lag sich ümma inne Haaren mit die hohe Obrigkeit, was zu diese Zeit den Landrat von der Decken war, Landrat Ludwig von der Decken. Und um ihn zu ägen, kaufte sich der Laufmüller einen alten räudigen Hund, und den nannte er Lurwich, und wenn nu Landrat von der Decken in Sicht kam, denn rief Laufmüller seinen Hund: Lurwich, hinteh mich! und denn griente Laufmüller so finsch, und den Landrat ärgerte sich ... un davon haben wi auch im Schohr 1918 keine Revolutschon giehabt. Ja.[15]

Von Juli bis Oktober 1953 arbeitet Schmidt an der „Seelandschaft mit Pocahontas“, in der er an einer Stelle Jean Pauls Vorstellung vom entzückenden Aufgehen eines 64fach vergrößerten Mondes hinter dem Horizont zurückweist: „entzücken??!!: entsetzen würde man sich, wenn der Gaurisankar über uns drohte! Rares Gemisch von Oberflächlichkeit und Tiefsinn!“[16] Es ist nicht auszuschließen, aber auch keineswegs sonderlich wahrscheinlich, daß Schmidt sich zum Gebrauch der Vokabel „Gaurisankar“ (zu jener Zeit noch die gebräuchlichere Bezeichnung des Mount Everest) von einer englischen Anekdote hat anregen lassen, die Tucholsky in seinem Text „Französischer Witz“ (abgedruckt in *Gruß nach vorn*) wiedergibt:

> So diese von dem weltberühmten Zwerg Tom Puce, der eines Tages in London zufällig im selben Hotel abgestiegen war wie der berühmte französische Sänger

---

[14] Ebd. S. 341.

[15] Tucholsky, *Schloß Gripsholm*, a.a.O., S. 19.

[16] Schmidt, „Seelandschaft mit Pocahontas“, a.a.O., S. 429.

> Lablache, ein Hüne von etwa zwei Meter Höhe. Da war nun eine neugierige Londoner Dame, die wollte die kleine Weltattraktion einmal besichtigen, ließ sich im Hotel die Zimmernummer geben, irrte sich in der Tür und stand nun fassungslos vor diesem Gaurisankar. „Ich ... ich wollte den Zwerg Tom Puce sehen!" – „Der bin ich, gnädige Frau!" – „Sie? Sie sind der Zwerg Tom Puce?" – „Nur im Theater, gnädige Frau; zu Hause mach' ich es mir bequem!"[17]

Wenn wir diese Gaurisankar-Stelle als womöglich zufällige Vokabelübereinstimmung außer acht lassen, stellt es sich so dar, daß Schmidt nach den genannten *Faun*-Stellen weit über zwei Jahre nicht mehr auf Tucholsky-Material zurückgreift. Tatsächlich scheint in diesen Jahren sein Interesse an diesem speziellen Kollegen zu erlahmen. Es erscheinen in der ersten Hälfte der 50er Jahre noch mehrere Tucholsky-Auswahlbände, die Schmidt jedoch augenscheinlich nicht zur Kenntnis nimmt: 1950 *Na und – ?*, worin sich gar nichts finden läßt, was sich bei Schmidt in irgendeiner Weise niedergeschlagen hätte; im März 1952 als rororo-Bändchen *Zwischen Gestern und Morgen* (Umschlagtitel: *RoroTucholsky*), eine Best-of-Auswahl aus *Gruß nach vorn* und *Na und –?*, und schließlich im August 1953 im Rowohlt-Hauptprogramm der Band *Und überhaupt...*, in dem zwar mit „Die beiden Flaschen", „Die Essayisten" und „All people on board!" drei Texte enthalten sind, die Schmidt (später) nachweislich gekannt hat, allerdings stammt diese Kenntnis mit großer Wahrscheinlichkeit aus einer anderen Quelle. Nämlich aus welcher?

Aus *Panter, Tiger & Co.*, einem weiteren Tucholsky-Auswahlband, der im Dezember 1954 (nun wieder als

---

[17] Tucholsky, *Gruß nach vorn*, a.a.O., S. 166.

rororo-Taschenbuch) erscheint und den Schmidt im Rahmen seiner regelmäßigen Lieferungen kostenlos vom Verlag erhält. Dieser Band bringt seine inzwischen etwas lahmende Tucholsky-Rezeption wieder auf Touren. Am 4. März 1955 steht dieses Buch auf dem abendlichen Vorleseprogramm von Arno und Alice Schmidt[18], und das bleibt nicht folgenlos. Gleich am darauffolgenden Tag bringt Schmidt seinen (im wahrsten Sinne des Wortes) Gelegenheitstext „Der große Unbekannte" über Pseudonyme in der Literatur zu Papier und beginnt ihn so:

> Kriegen Sie noch alle Fünf zusammen?: Theobald Tiger, Peter Panter, ja; – Kaspar Hauser, gut; und – und – ? Also nehmen wir Ignaz Wrobel, einverstanden? »In Wirklichkeit« hieß er bekanntlich Kurt Tucholsky, und war, wie Heine, erst Jurist und Bankangestellter gewesen, ehe er einer unserer guten Schriftsteller wurde. [...] Deswegen gesteht auch Tucholsky unbefangen: »Keine Zeitung mag viermal denselben Mann in einer Nummer haben, und so entstanden jene homunculi«.[19]

Das, was er hier ausbreitet, hat Schmidt am Vorabend erst gelesen, nämlich auf der allerersten Textseite besagten Tucholsky-Bandes als Einstieg des Textes „Starter, die Fahne –! Ab mit 5 PS":

> Wir sind fünf Finger an einer Hand.
>
> Der auf dem Titelblatt und:
>
> Ignaz Wrobel. Peter Panter. Theobald Tiger. Kaspar Hauser.
>
> Aus dem Dunkel sind diese Pseudonyme aufgetaucht, als Spiel gedacht, als Spiel erfunden – das war damals,

---

[18] Mitteilung aus Unterlagen der „Arno Schmidt Stiftung", Bargfeld.

[19] Arno Schmidt, „Der große Unbekannte", in Bargfelder Ausgabe III/3, a.a.O., S. 200 f., hier S. 200.

> als meine ersten Arbeiten in der „Weltbühne“ standen. Eine kleine Wochenschrift mag nicht viermal denselben Mann in einer Nummer haben, und so erstanden, zum Spaß, diese homunculi.[20]

Kurz darauf setzt Schmidt die Arbeit an seinem Roman *Das steinerne Herz* mit der Niederschrift des dritten Teils fort, in dem sich wiederum eine ganze Reihe von teils möglichen, teils sogar belegbaren Tucholsky-Reflexen finden. Gehen wir den Text der Reihe nach durch.

Seltsames Deutsch lesen wir in einer Szene des Romans: „*Komm Treiber: Geh an!*“[21] Freilich ist es „Deutsch für Amerikaner“, wie Tucholsky seinen entsprechenden Text überschrieben hat; darin steht neben vielen anderen putzigen Oberflächenübersetzungen gebräuchlicher Wendungen diese: „Autotreiber! Geh an! Ich ziehe das Christliche Hospiz vor!“[22] Der Text „Deutsch für Amerikaner“ ist nur in *Panter, Tiger & Co.* und nicht in anderen Tucholsky-Ausgaben der hier in Frage kommenden Jahre erschienen.

In einer Klage über die ständige Fehlvergabe des Literaturnobelpreises bezeichnet Walter Eggers, der Erzähler von *Das steinerne Herz*, den noblen Preis als „Stigma der Mittelmäßigkeit“[23]; Schmidt selbst macht sich dieses böse

---

[20] Kurt Tucholsky, *Panter, Tiger & Co. Eine neue Auswahl aus seinen Schriften und Gedichten*, hg. v. Mary Gerold-Tucholsky, rororo 131 (Hamburg: Rowohlt 1954), S. 8. Auch in Tucholsky, *Gruß nach vorn*, a.a.O., S. 10.

[21] Arno Schmidt, *Das steinerne Herz. Historischer Roman aus dem Jahre 1954 nach Christi*, in Bargfelder Ausgabe, Bd. I/2 (Zürich: Haffmans 1986), S. 7-163, hier S. 116.

[22] Tucholsky, *Panter, Tiger & Co.*, a.a.O., S. 142. – Nachweis als Tucholsky-Zitat zuerst von Werner Stumpff bei Josef Huerkamp, „Im bunten Sargassofilz. Eine Nachlieferung zu ‚Nr. 8. Materialien und Kommentar zu Arno Schmidts Roman ‚Das steinerne Herz‘‘“, in *Bargfelder Bote*, Lfg. 104-106 / Juli 1986, S. 3-38, hier S. 26.

[23] Tucholsky, *Panter, Tiger & Co.*, a.a.O., S. 128.

Wort seiner Figur später bekanntlich zu eigen und überschreibt genau so seinen eigenen Aufsatz über besagten Preis. Es ist möglich, wenn auch nicht zwingend, daß Schmidt die Floskel aus dem Tucholsky-Gedicht „An das Publikum“ adaptiert hat, in dem Verleger und Leser schlechter Bücher angemessen beschimpft werden:

> Es lastet auf dieser Zeit
> der Fluch der Mittelmäßigkeit.
> Hast du so einen schwachen Magen?
> Kannst du keine Wahrheit vertragen?
> Bist also nur ein Grießbreifresser –?
> Ja, dann...
> Ja, dann verdienst du's nicht besser.[24]

Dies wäre das einzige Gedicht Tucholskys, das Schmidt (ansonsten ein entschiedener Freund der Prosa) verarbeitet hätte – das spricht sicherlich *gegen* die Vermutung eines Zusammenhangs, ist freilich auch noch kein sicheres Gegenargument. *Für* die Vermutung des Tucholsky-Hintergrunds könnte sprechen, daß schon auf der nächsten Seite von Schmidts Roman ein weiterer Reflex auf dessen Werk auftaucht, nämlich in Gestalt von Linas Ausruf bei der Untersuchung des entdeckten Zwischenbodens: „›Ick wunder' mir über jar nischt mehr‹“[25]. Bei dem (durch die einfachen Anführungsstriche ja auch als Zitat gekennzeichneten) berlinernden Satz handelt es sich um eine Couplet-Zeile des Vortragskünstlers Otto Reutter. In seiner kurzen Hommage „Otto Reutter“, die sowohl in *Gruß nach vorn* als auch in *Panter, Tiger & Co.* enthalten ist, zitiert Tucholsky nicht nur diese Zeile, sondern die ganze Strophe, in der sie steht:

---

[24] Tucholsky, *Gruß nach vorn*, a.a.O., S. 95.
[25] Schmidt, *Das steinerne Herz*, a.a.O., S. 129.

> Da steht vor meine Kommode ’n Mann –
> Der sagt: „Sie! Fassen Se mal mit an!
> Alleene ist mir det Ding zu schwer ...“
> Ick wunder mir über jahnischt mehr –[26]

Den dritten Teil von *Das steinerne Herz*, in dem alle diese Tucholsky-Bezüge zu finden sind, schreibt Schmidt Anfang April 1955, also vier Wochen nach Lektüre von *Panter, Tiger & Co.* – das kann man wohl eine kurze Reaktionszeit nennen. Nicht lange danach, am 18. Juli 1955, kommt Schmidt in einem Brief an Alfred Andersch noch einmal auf den Band zurück: „wenns gar nischt mehr wird, wirds immer noch ein Essay, hat Tucholsky einmal gesagt.“[27] Hier bezieht er sich auf den Schlußabsatz des Essays „Die Essayisten“ aus dem *Panter*-Band:

> Versuche, einen Roman zu schreiben. Du vermagst es nicht? Dann versuch es mit einem Theaterstück. Du kannst es nicht? Dann mach eine Aufstellung der Börsebaissen in New York. Versuch, versuch alles. Und wenn es gar nichts geworden ist, dann sag, es sei ein Essay.[28]

---

26 Tucholsky, *Gruß nach vorn*, a.a.O., S. 126. Auch in Tucholsky, *Panter, Tiger & Co.*, a.a.O., S. 56. – Nachweis auch dieses Tucholsky- (bzw. Reutter-) Zitats zuerst von Werner Stumpff bei Huerkamp, „Im bunten Sargassofilz“, a.a.O., S. 27. – Vgl. auch Arno Schmidt, *Der Briefwechsel mit Eberhard Schlotter. Mit einigen Briefen von und an Alice Schmidt und Dorothea Schlotter*, hg. v. Bernd Rauschenbach (Zürich: Haffmans 1991), S. 186 (Brief Nr. 95 v. 30.9.61): „wie sang Otto Reuter immer?: ‚Ick wunder mir über jar nischt mehr!‘“

27 Arno Schmidt, *Der Briefwechsel mit Alfred Andersch. Mit einigen Briefen von und an Gisela Andersch, Hans Magnus Enzensberger, Helmut Heißenbüttel und Alice Schmidt*, hg. v. Bernd Rauschenbach (Zürich: Haffmans 1985), S. 60 (Brief Nr. 59 v. 18.7.55).

28 Tucholsky, *Panter, Tiger & Co.*, a.a.O., S. 113.

Für Schmidt, der zu diesem Zeitpunkt zwar gerade einen Roman geschrieben hat, den freilich so schnell niemand drucken mag, und der sich deswegen mit der Produktion von Textchen, die in dem von Tucholsky aufs Korn genommenen Sinne als ‚Essays' zu benamsen wären, über Wasser hält, ist das wohl ein zweifelhafter Trost.

Aber er schreibt auch kleinere Erzählungen für den Zeitungsverkauf; eine davon, nämlich „Die Wasserlilie", entstanden schon Mitte Mai 1955 (also nach Abschluß von *Das steinerne Herz* und vor dem zitierten Brief an Andersch), endet mit einem Stoßseufzer in Form einer Anrufung:

> »HErrgott von Bentheim; auch das noch!«, fluchte Stürenburg.
> Stille.
> Dann erkundigte Dettmer sich verlegen: »Warum sagt man eigentlich immer ‹von Bentheim›?«. Wir sahen einander an. Wir wußten es nicht.[29]

Kurt Tucholsky hätte vielleicht auch nicht gewußt, *warum* man so sagt – aber er hat gewußt, *daß* man so sagen kann. Und in *Schloß Gripsholm* hat er eine seiner Figuren so sagen lassen, und zwar in einer Szene, in der zwar nicht (wie in Schmidts Erzählung) ein vermeintlich getötetes Kind geborgen, aber immerhin ein tatsächlich drangsaliertes Kind gerettet werden soll:

> „Daddy, du stellst manchmal komische Fragen! Ob sie glücklich ist...! Das Kind ist unglücklich! Donnerhagel – was machen wir denn da? Wir müssen dem Kind helfen! Das kann man ja nicht mitansehn! Und nicht mitanfühlen! Herrgott von Bentheim! Billie!"[30]

---

[29] Arno Schmidt, „Die Wasserlilie", in Bargfelder Ausgabe, Bd. I/4 (Zürich: Haffmans 1988), S. 12-15, hier S. 15.

[30] Tucholsky, *Schloß Gripsholm*, a.a.O., S. 122.

Im Jahr 1955 endet endgültig Schmidts Existenz als Autor des Rowohlt-Verlags; es endet damit auch die Zusendung des kompletten Taschenbuch- und von Teilen des Hauptprogramms an ihn durch den Verlag. Weitere Tucholsky-Bände wird Schmidt seiner Bibliothek über zwei Jahrzehnte lang nicht mehr einfügen, und die drei Bände, die er Mitte der 50er Jahre besitzt –*Gruß nach vorn*, *Schloß Gripsholm* und *Panter, Tiger & Co.* –, wird er sogar irgendwann aus dieser Bibliothek aussondern, denn bei seinem Tod sind sie dort nicht mehr vorhanden. Entweder findet diese Aussonderung erst sehr viel später (frühestens Mitte der 60er Jahre) statt, oder aber Schmidt bewahrt sich etliche Textstellen aus den drei Bänden gut im Gedächtnis. Nachdem zunächst einige Jahre Tucholsky-Flaute herrscht (einzige Ausnahme ist die hübsche Formulierung „Scheuel und Greuel"[31] in der Erzählung „Schulausflug" von 1957, die aus dem Text „Der Henrige" aus *Gruß nach vorn* geklaut ist, auf den wir noch zurückkommen werden), tauchen nämlich ab Ende der 50er Jahre wieder regelmäßig Zitate aus den drei genannten Bänden in Schmidts Werk auf.

Das erste schüchterne (und unsichere) Comeback feiert Tucholsky in Schmidts Kreuder-Rezension „Bedeutend; aber ..." vom Oktober 1959. Schmidt mokiert sich darin über „all diese kuriosen ‹Bünde der Einsamen›"[32] bei Kreuder und anderen, wie er es später auch noch in der „Wasserstraße" tun wird („Mit andern Worten: dreimal Besuch im Monat; Devise GANZ EINSAM; ‹Bund der

---

[31] Arno Schmidt, „Schulausflug", in Bargfelder Ausgabe I/4, a.a.O., S. 111-119, hier S. 112. – Zur Quelle vgl. das in Anm. 44 nachgewiesene Tucholsky-Zitat.

[32] Arno Schmidt, „Bedeutend; aber ... (Ernst Kreuder: AGIMOS oder die Weltgehilfen. Europäische Verlagsanstalt, Frankfurt)", in Bargfelder Ausgabe III/3, a.a.O., S. 495-500, hier S. 498.

Einsamen›“[33]), und das könnte zurückgehen auf eine ähnliche Spöttelei über Leute, die daran denken, „einen Klub der Einsamen zu gründen“[34], in Tucholskys Text „Nachher“ (aus *Gruß nach vorn*). Handfester (oder fußfester?) ist der chronologisch nächste feststellbare Bezug, der sich in dem Text „Auf Arno Schmidt's ‹Rosen & Porree›“ (März 1960) findet. Schmidts *Umsiedler* provozieren dort die Frage:

> Warum hast Du Katrin amputiert? Um das Sprüchwort zu strafen
> ‹Ehe sei mehr noch als nur vier nackte Beine im Bett›?[35]

Dies ist wieder einmal (und wohl zum letzten Mal bei Schmidt) ein Echo auf *Schloß Gripsholm*, wo Karlchen verrät: „Bei uns zu Hause sagen sie immer: Zur Heirat gehört mehr als nur vier nackte Beine ins Bett.“[36] Kurz zuvor – am 1. Februar 1960 – hat Schmidt zudem in einem Brief an Eberhard Schlotter auf den Titel des in *Panter, Tiger & Co.* enthaltenen Tucholsky-Textes „All people on board!“ angespielt. [37]

In der Erzählung „Großer Kain“ (Ende 1961 geschrieben) finden wir den nächsten Tucholsky-Reflex, nämlich in Gestalt des plattdeutschen Ausrufs: „wat säi all'ns maket, de Härrn S=tudentn!“[38] Bei Tucholsky (in der

---

[33] Arno Schmidt, „Die Wasserstraße“, in Bargfelder Ausgabe, Bd. I/3 (Zürich: Haffmans 1987), S. 423-454, hier S. 451.

[34] Tucholsky, *Gruß nach vorn*, a.a.O., S. 207.

[35] Arno Schmidt, „Auf Arno Schmidt's ‹Rosen & Porree›“, in Bargfelder Ausgabe I/4, a.a.O., S. 181.

[36] Tucholsky, *Schloß Gripsholm*, a.a.O., S. 87.

[37] Vgl. Tucholsky, *Panter, Tiger & Co.*, a.a.O., S. 117 f.; Schmidt, *Der Briefwechsel mit Eberhard Schlotter*, a.a.O., S. 120 (Brief Nr. 58 v. 1.2.60): „anscheinend all people on board.“

[38] Arno Schmidt, „Großer Kain“, in Bargfelder Ausgabe I/3, a.a.O., S. 352-367, hier S. 355.

Stilblüten-Rezension „Gallettiana", die sowohl in *Gruß nach vorn* als auch in *Panter, Tiger & Co.* enthalten ist) steht dieser Ausruf auch schon, wenn auch in einer nicht ganz so authentischen Notation: „Es gibt den Ausspruch eines hannoverschen Bauern, der den dummen Streichen der Studiker zusieht: ‚Wat se all maket, die Studenten!'"[39]

1963 stellt Schmidt seine Karl-May-Studie *Sitara* fertig und fühlt sich darin an „den alten Kalauer vom Unterschied zwischen dem Schutzmann und der Jungen Dame erinnert: Wenn der Schutzmann ‹Halt!› sagt, dann meint er das auch"[40]. Das ist zwar strenggenommen gar kein Kalauer, aber alt ist der Witz in der Tat, er findet sich nämlich schon in Tucholskys englischer Reiseposse „Die beiden Flaschen", die Schmidt in *Panter, Tiger & Co.* nicht nur nachlesen konnte, sondern offenbar auch nachgelesen hat: „‚Was ist der Unterschied', fragte neulich in einer Revue einer, ‚zwischen einem Schutzmann und einer jungen Dame? – Wenn der Schutzmann ‚Halt' sagt, dann meint er das auch.'"[41]

Zu Ende desselben Jahres schreibt Schmidt seinen Essay „Ach, wie gut, daß Niemand weiß..." und erwähnt darin noch einmal Tucholskys pseudonymische Persönlichkeitsspaltung: „wenn Tucholsky sich in ein halb Dutzend Panter und Tiger verwandelte, dann hatte das überwiegend kommerzielle, ›technische‹ Gründe"[42] – ersichtlich ist, daß Schmidt sich hier wiederum auf Tucholskys autobio-

---

[39] Tucholsky, *Gruß nach vorn*, a.a.O., S. 167. Auch in Tucholsky, *Panter, Tiger & Co.*, a.a.O., S. 129.

[40] Arno Schmidt, *Sitara und der Weg dorthin. Eine Studie über Wesen, Werk & Wirkung KARL MAY's*, Bargfelder Ausgabe, Bd. III/2 (Zürich: Haffmans 1993), S. 29.

[41] Tucholsky, *Panter, Tiger & Co.*, a.a.O., S. 79.

[42] Arno Schmidt, „Ach, wie gut, daß Niemand weiß ...!", in Bargfelder Ausgabe, Bd. III/4 (Zürich: Haffmans 1995), S. 340-346, hier S. 340.

graphischen Text „Starter, die Fahne –! Ab mit 5 PS“ bezieht, aber auch, daß die Erinnerung daran nicht mehr so taufrisch ist wie an jenem buchstäblich ersten Tag nach der Lektüre, als das alles schon einmal von Schmidt essayistisch verwurstet wurde.

Das heißt allerdings nicht, daß Schmidt nicht gelegentlich noch genau zitieren könnte. In dem Ende 1964 entstandenen Aufsatz „Eines Hähers »: Tué!« und 1014 fallend“ jubiliert er über die seiner Konstitution zuträglichen niedrigen Luftdruckwerte: „Unter 1000 freilich, da geht’s noch ‹Hop=Heißa bei Regen & Wind›!“[43] Dies ist ein Zitat aus Shakespeares *King Lear*, aber gleichzeitig auch aus Tucholskys Text „Der Henrige“ (enthalten wiederum in *Gruß nach vorn* und von Schmidt schon in der Erzählung „Schulausflug“ beklaut), in dem Tucholsky (oder vielmehr sein Text-Ich) auf eine frühjugendliche Gitarrenbegeisterung zu sprechen kommt:

> Später bin ich dann davon abgekommen, und statt in den Konzertsälen und auf Vereinsfestlichkeiten mit kleiner, aber detonierter Stimme: „Ein Bächlein stund am Waldesrand, hopp, heissa bei Regen und Wind“ zu singen, bin ich Schriftsteller geworden und ein Scheuel bzw. Greuel für alle Völkischen Beobachter. Ja, also die Gitarre.[44]

Damit wäre Arno Schmidts Tucholsky-Rezeption schon fast zu Ende; lediglich zwei weitere Textstellen lassen sich auffinden, an denen Schmidt noch einmal auf diesen speziellen Kollegen zurückkommt, und zwar in *Zettel’s Traum*. Gleich zu Anfang des Großromans finden wir in der rechten Spalten die Formulierung „der <u>Wein</u> ist <u>gut</u>!“,

---

[43] Arno Schmidt, „Eines Hähers »: Tué!« und 1014 fallend“, ebd., S. 389-400, hier S. 398.

[44] Tucholsky, *Gruß nach vorn*, a.a.O., S. 127.

der vermutlich auf eine Stelle in dem Text „Das Wirtshaus im Spessart“ aus dem Tucholsky-Band *Panter, Tiger & Co.* anspielt[45]. Auf Seite 113 dann (geschrieben wohl Anfang 1966) wird in der Mittelspalte das Leid über variationsarme Beischlafprozeduren geklagt: „Ìmmerdasselbe !“; rechts daneben steht eine Art Quellenhinweis: „sagt schon TUCHOLSKY“[46]. Wem diese Quellenangabe zu ungenau ist, der lese nochmals Tucholskys Text „Nachher“ (aus *Gruß nach vorn*), in dem wir schon den „Klub der Einsamen“ gefunden hatten; dort steht halt auch dies:

> Hören Sie: das war ekelhaft. Welch ein Puppenspiel. Was treibt sie? Es ist, als bewegten sie sich nicht, als bewegte es sie. Das sind nicht mehr sie, die dieses Auf und Ab vollführen – das ist ein andres. Sie sehen es tausend und tausendmal beim O – schließlich scheint es eine zeremonielle Förmlichkeit, man möchte rufen: Aber so wechselt doch einmal! Tut doch einmal etwas andres! Nein – das Repertoire ist so klein ... Sie nähern sich einander, gehen umeinander herum, lächelnd, und dann immer dasselbe, immer dasselbe ... Sagen Sie: Haben wir uns auch so albern benommen, damals?[47]

Und an diesem Punkt wechselt zuzusagen auch Schmidt sein Repertoire und stößt Tucholsky wieder ab. Von 1966 an gibt es in Schmidts Werk nach allem, was ich bisher feststellen konnte, keinen Reflex auf Tucholsky mehr, und die drei Tucholsky-Bücher, die Schmidt zu diesem Zeitpunkt noch besitzen mag, scheidet er aus seiner Biblio-

---

[45] Vgl. Tucholsky, *Panter, Tiger & Co.*, a.a.O., S. 70. Quellennachweis von K. J. S. [Klaus J. Schönmetzler] in *Bargfelder Bote*, Lfg. 58-60 / März 1982, S. 30.

[46] Schmidt, *Zettel's Traum*, a.a.O., S. 113 mo/ro.

[47] Tucholsky, *Gruß nach vorn*, a.a.O., S. 209.

thek aus. Erst ganz zum Schluß, nämlich 1978, taucht dort wieder etwas von Tucholsky auf, nämlich der Band *Die Q-Tagebücher 1934-1935*; Schmidt schafft ihn sich allerdings nicht gezielt an, sondern bekommt ihn offensichtlich von den Nachbarn Elfriede und Heinrich Bokelmann geschenkt.[48] Eine Rezeption dieses Bandes durch Schmidt ist nicht nachweisbar und wohl auch eher unwahrscheinlich. Tucholsky war für Schmidt ganz eindeutig eine (und zwar sehr befruchtende) Entdeckung seiner Rowohlt-Jahre, und die gehören zu diesem Zeitpunkt schon lange der Vergangenheit an.

[48] Vgl. Dieter Gätjens, *Die Bibliothek Arno Schmidts. Ein kommentiertes Verzeichnis seiner Bücher*, neue Ausgabe, durchgesehen und erweitert von Günter Jürgensmeier (Bargfeld: Arno Schmidt Stiftung 2003 / <www.arno-schmidt-stiftung.de/Archiv/Bibliotheksverzeichnis.html>), Nr. 460.

„Längst nicht erste Garnitur“
Arno Schmidt 1957 über Hermann Hesse

Hermann Hesse ist neben Stifter wohl derjenige Autor, dessen Einschätzung durch Arno Schmidt sich im Laufe der Jahre am drastischsten verändert hat. Wie bekannt, weicht Schmidts jugendliche Schwärmerei späterhin einem sehr kritischen Urteil über Hesse als Person und über größte Teile seines Werks. Entscheidender Kippmoment ist dabei die Phase von Dezember 1947 bis Mai 1950, in der Schmidt sich anfangs von Hesse Unterstützung für den *Leviathan* erhofft, das tatsächlich ergehende Lob aber als herablassend und unzureichend empfindet und darauf mit einem wüsten Schmähbrief reagiert – nachzulesen im kurzen, aber aufschlußreichen Briefwechsel.[1]

Wie Thomas Körber gezeigt hat, finden sich aber auch nach 1950 im Werk Schmidts noch beifällige Nennungen und Zitationen des einzigen Textes von Hesse, den Schmidt auch weiterhin gelten läßt, nämlich des Romans *Der Steppenwolf*, wobei sich allerdings der lobende Tenor dieser Stellen kontinuierlich abschwächt.[2] Körber weist

---

[1] Vgl. Arno Schmidt, *Briefwechsel mit Kollegen*, hg. v. Gregor Strick (Frankfurt a.M.: Suhrkamp 2007), S. 54-57; dazu die Auszüge aus den Tagebüchern Alice Schmidts ebd., S. 366 f.

[2] Vgl. Thomas Körber, „Die ‚goldene Spur‘. *Der Steppenwolf* Hermann Hesses bei Arno Schmidt“, in Rudi Schweikert (Hg.), *Zettelkasten 21. Aufsätze und Arbeiten zum Werk Arno Schmidts. Jahrbuch der Gesellschaft der Arno-Schmidt-Leser 2002* (Wiesenbach: Bangert & Metzler 2002), S. 89-104. Zu Hesse und Schmidt vgl. außerdem Josef Huerkamp, „Steppenwolfspuren im Heidesand. Hermann Hesse als Eideshelfer Arno Schmidts. Abendliche Unterhaltung über ein kleines Kapitel aus der neueren deutschen Literaturgeschichte“, in *Bargfelder Bote* Lfg. 140-141 / September 1989, S. 8-26.

auf Briefe Schmidts an Hans Wollschläger vom 19. April bzw. 3. Mai 1959 hin, in denen der *Steppenwolf*-Protagonist Harry Haller als „falscher Fuffzijer" und Mann „ohne Ballast" kritisch beurteilt wird[3]; im Oktober desselben Jahres findet sich eine vergleichbare, wenn auch weniger scharf formulierte Relativierung des früheren Lobs für den *Steppenwolf* auch in Schmidts Werk, nämlich im Kreuder-Verriß „Bedeutend; aber ...": Kreuders „Sprache hält grundsätzlich ein Niveau wie etwa Hesses STEPPEN-WOLF (was allerdings keine überschwängliche Bewunderung ausdrücken soll); liegt also etwa ebensoweit über dem Durchschnitt, wie unter den wahren Spitzenleistungen der Prosagenialität, z.B. dem ODYSSEUS des James Joyce."[4] Solche kritischen Worte Schmidts zum *Steppenwolf* waren für die Zeit vor 1959 bisher nicht bekannt.

Eine Sendung des Bayerischen Rundfunks, die unlängst ausschnitthaft wiederholt wurde, erlaubt es nun aber, Schmidts Distanzierung vom *Steppenwolf* um zwei Jahre früher zu datieren. Sabine Rittner hat für eine bereits 2005 ausgestrahlte, der Schmidt-Forschung aber bisher entgangene Funksendung „Schriftsteller-Schriftwechsel aus dem Historischen Archiv des BR" zusammengetragen und präsentiert, darunter auch ein Schreiben Arno Schmidts an Gerhard Szczesny, den damaligen Leiter des Nachtstudios im Bayerischen Rundfunk. Szczesny war bereits im Februar 1956 an Schmidt herangetreten und hatte ihn gebeten, auch ihm gelegentlich Funkessays zu schreiben[5], woraus allerdings nichts wurde. Als sich dann der 80.

---

[3] Arno Schmidt, „»Also schreiben Sie ja weiter«. Zwei Briefe", in Rudi Schweikert (Hg.), *Hans Wollschläger* (Eggingen: Isele 1995), S. 219-225, hier S. 222.

[4] Arno Schmidt, „Bedeutend; aber ...", in Bargfelder Ausgabe, Bd. III/3 (Zürich: Haffmans 1995), S. 495-500, hier S. 495.

[5] Vgl. Alice Schmidt, *Tagebuch aus dem Jahr 1956*, hg. v. Susanne Fischer (Berlin: Suhrkamp 2011), S. 53 f. (Eintrag vom 11.2.56).

Geburtstag Hermann Hesses (am 2. Juli 1957) näherte, fragte Szczesny Schmidt, ob er Lust habe, die obligatorische Geburtstagswürdigung zu übernehmen. Schmidt lehnte das mit einem Schreiben aus dem April 1957 ab, und zwar auf eine Weise, die sein negatives Urteil über Hesse mehr als deutlich macht.

Schmidt setzt voraus, daß man „der westdeutschen Bundesbevölkerung zum 80. Geburtstag ihres geliebten Nobelpreisträgers“ nur eine positive Würdigung vorsetzen könne, aber „niemals die herbe Kritik servieren [...], die ich mir auszuüben erlauben würde.“ Hesses Bücher, so Schmidt weiter, seien mit Ausnahme des *Steppenwolf*-Romans „nie über ein gewisses respektables Niveau hinausgekommen“; damit Szczesny nun nicht glaubt, dies als Lob des *Steppenwolf* lesen zu können, schiebt Schmidt gleich im nächsten Halbsatz nach, „auch das erwähnte Meisterstück“ sei „noch längst nicht erste Garnitur.“ Dies ist die früheste bisher bekannte deutlich negative Äußerung Schmidts zum *Steppenwolf*, und auf die naheliegende Frage, was Schmidt zu diesem Zeitpunkt – Anfang 1957 – endgültig auf Distanz zum früher so sehr geschätzten Roman gebracht habe, gibt vielleicht Schmidts nächster Satz eine implizite Antwort: Wenn er sich vergegenwärtige, so argumentiert Schmidt, daß „Leute wie Rilke, Theodor Däubler, Alfred Döblin oder jenseits des Wassers James Joyce den Nobelpreis für Literatur nicht bekamen, dagegen ausgerechnet Hermann Hesse“, dann müsse er wohl von einem „Stigma der Mittelmäßigkeit“ sprechen. „Leute wie Rilke, Theodor Däubler, Alfred Döblin“ waren Schmidt zu diesem Zeitpunkt seit weit über zwei Jahrzehnten bekannt; das Werk des nicht mit dem Nobelpreis ausgezeichneten Joyce „jenseits des Wassers“ hingegen hatte er erst kurz zuvor (Ende November 1956) kennengelernt, und diese Kenntnis scheint Schmidt zu seinem endgültigen Urteil über Hesses „Meisterwerk“ veranlaßt zu haben, verblaßte die künstlerische Potenz des 1927 erschienenen *Steppenwolf* vor dem Hintergrund des fünf Jahre zuvor veröffentlichten *Ulysses* doch durchaus markant. Mit der Joyce-Lektüre bekam Schmidt erstmals mehr als eine Ahnung davon, was die literarische Moderne der 1920er Jahre auf internationaler Ebene gewesen war, und damit konnte der *Steppenwolf* dann in Schmidts Augen gewiß nicht mehr mithalten. (Döblin konnte es wohl eher, in der *Gelehrtenrepublik* erweist Schmidt ihm noch seine Reverenz.)

Schmidts negativer Bescheid auf die Anfrage von Szczesny hat also andere und bessere Gründe als den, daß „Hesse mich nicht riechen kann."[6]

---

[6] Arno Schmidt, Brief an Gerhard Szczesny, April 1957, zitiert nach Sabine Rittner, „‚Alles Nette von immer der Ihren'. Schriftsteller-Schriftwechsel aus dem Historischen Archiv des BR", *Bayern 2*, 24. September 2005, 8:06 bis 9:00 Uhr, auszugsweise wiederholt in Ralf Homann, „Ferne Funken. Radio-Geschichte und Geschichten", *Bayern 2*, 3. November 2013, 21:05 bis 22:00 Uhr. Alle Zitate aus dem Brief erfolgen nach meiner Transkription des Sendemitschnitts, da mir weder Sendeskript noch Originalbrief vorliegen. Für den Hinweis auf die Sendung danke ich Josef Cirkel und Karl-Heinz Müther.

Nachweise

„Schmidts aktuellste Literaturschätze vor und nach 1945“ entstand als erhebliche Erweiterung eines kürzeren, thematisch enger gefaßten Beitrags, erschienen unter dem Titel „Ballonfahrt zum Leuchtturm. Schmidts aktuellster Literaturschatz 1945“ in Friedhelm Rathjen, *Immerfort mitlebend. Arno Schmidt und die deutsche Literatur des 20. Jahrhunderts* (Südwesthörn: Edition ReJoyce 2011), S. 71-79.

„Schmidts Expressionismus-Rezeption“ dokumentiert als nachgereichte Vorstudie jenes Material, dessen umfassende Sichtung die Basis schuf für die Abfassung des Artikels „Expressionismus“ im von Axel Dunker und Sabine Kyora herausgegebenen *Arno-Schmidt-Handbuch* (Berlin: de Gruyter 2022).

„Arno Schmidts Tucholsky-Rezeption“ fixiert Nebenergebnisse der Recherchen für die Studie zu „Arno Schmidt als Rowohlt-Leser 1947-55“, verfaßt für das von Frank Legl herausgegebene Jahrbuch der Arno-Schmidt-Leser 2006 (verspätet erschienen 2008 in Wiesenbach bei Bangert & Metzler).

„‚Längst nicht erste Garnitur‘“ erschien zuerst im *Bargfelder Boten*, Lfg. 378 (März 2014).